Alfred Holl

Empirische Wirtschaftsinformatik und Erkenntnistheorie

1. Einführung und Zusammenfassung

Eine Reihe von Phänomenen der Wirtschaftsinformatik läßt sich aus ihr selbst nicht umfassend und abschließend erklären. Dazu muß man über sie hinausgehen und andere Disziplinen zu Rate ziehen: Ergonomie, Arbeitspsychologie, Sozialwissenschaften, Erkenntnistheorie etc. Dieser Aufsatz fokussiert auf Fragestellungen, die insbesondere zur Erkenntnistheorie führen.

Unter *Erkenntnistheorie* versteht man den Zweig der Philosophie, der sich mit Gewinnung, Wesen und Grenzen von Erkenntnis befaßt. Spezifisch wissenschaftliche Erkenntnisse (z. B. formale Modelle, in der Wirtschaftsinformatik für die Implementierung von betrieblichen Informationssystemen auf Rechenanlagen benötigt) werden auch von der *Wissenschaftstheorie* untersucht. Sie hat als ebenfalls philosophische Disziplin die Grundlagen von Wissenschaft und deren Methoden (dem Erkenntnisgewinn und der Erkenntnisbeurteilung dienende wissenschaftliche Verfahren) zum Gegenstand. Insoweit decken sich Wissenschaftstheorie und Erkenntnistheorie. Somit ist der inhaltliche Zusammenhang zum Tagungsthema „Wirtschaftsinformatik und Wissenschaftstheorie“ gegeben.

Die Informatik ist nur selten unter dem Aspekt der Methodologie (Lehre von den wissenschaftlichen Verfahren) betrachtet worden. Daher ist es ohne Zweifel ein Desiderat der Wissenschaftstheorie wie der Informatik, erkenntnistheoretische Überlegungen auf letztere zu übertragen. Dies gilt inbesondere für die Wirtschaftsinformatik. In den für sie einschlägigen Erkenntnistheoriezweigen sind die bevorzugten Forschungsgegenstände nicht Geisteswissenschaften und reine Mathematik, sondern *Naturwissenschaften*, nämlich die Physik als Standardstudienobjekt sowie in neuerer Zeit verstärkt auch die Biologie, also *empirische Wissenschaften*. Will man ein von diesen geprägtes erkenntnistheoretisches Denken nutzbringend auf die Wirtschaftsinformatik anwenden, muß man eine Verbindung zwischen ihr und empirischen Wissenschaften herstellen.

Abschnitt 1: Die Wirtschaftsinformatik läßt sich (zumindest in wesentlichen Teilen) selbst als empirische Wissenschaft auffassen, da sich als tertium comparationis mit den Naturwissenschaften gerade die essentiellen empirischen Verfahren herausstellen: Beobachtung, Modellbildung und Modellformalisierung. (Formale Modelle sind die wesentlichen Formen empirisch-wissenschaftlicher Erkenntnisse.) Wegen dieser *Vergleichbarkeit* ist es sinnvoll, erkenntnistheoretische Überlegungen der Naturwissenschaften auch in der Wirtschaftsinformatik vorzunehmen. Der Ausgangspunkt für die weitere Untersuchung ist motiviert.

Abschnitt 2: Grundlegendes über die (erkenntnisgewinnenden) *Methoden empirischer Wissenschaften* wird in einem gerafften Überblick vorgestellt, wie ihn ein erkenntnistheoretisch noch relativ naiver Standpunkt erlaubt: Ausgehend von Beobachtungen werden Modelle gewonnen, die mehr oder weniger gut formalisiert werden können und deren Qualität erkenntnistheoretisch beurteilt werden muß. Diese Ausführungen beleuchten das Ergebnis aus Abschnitt 1 differenzierter.

Im folgenden wird naturwissenschaftliche Erkenntnistheorie auf die Wirtschaftsinformatik angewendet. Hierzu wird ein zweiseitiger Zugang gewählt: deduktiv von erkenntnistheoretischen Ansätzen ausgehend (Abschnitt 3) und induktiv von Phänomenen der Wirtschaftsinformatik ausgehend (Abschnitt 4).

Abschnitt 3: Nach ihrer Einschätzung der Qualität menschlicher Erkenntnisse gegliedert, werden *erkenntnistheoretische Positionen* mit einem besonderen Wert für die Beurteilung von Phänomenen der Wirtschaftsinformatik vorgestellt.

Die *Poppersche Drei-Welten-Theorie* unterscheidet ontologisch drei Seinsebenen (Existenzebenen) von Erkenntnisgegenständen: Natur, menschliches Bewußtsein und Kultur. Sie dient als hervorragendes Kategorisierungsschema für verschiedene erkenntnistheoretische Auffassungen.

Der *kritische Realismus* hält die empirische Welt für approximativ erkenntniszugänglich, wobei sich Einschränkungen aus den Besonderheiten und Randbedingungen menschlicher kognitiver (erkenntnisgewinnender) Prozesse ergeben.

Die *evolutionäre Erkenntnistheorie* stellt eine biologische Interpretation der Kantschen transzendentalen Erkenntnistheorie dar. Sie begründet die Realitätsnähe menschlicher Erkenntnisse mit den bisherigen Evolutionsvorteilen des Menschen. Wäre sein kognitiver Apparat untauglich, hätte der homo sapiens als biologische Art nicht überlebt. Was aber in der Evolution zuträglich ist, braucht bei der Bildung formaler Modelle nicht vorteilhaft zu sein. Spezielle Verhaltensweisen, die in bestimmten Bereichen (etwa der Wirtschaftsinformatik) als abträglich gelten, können aus im Laufe der Evolution gelernten kognitiven Strategien verstanden werden.

Jeder erkenntnistheoretische Ansatz hat seinen besonderen Erklärungsumfang. Zur Beurteilung eines konkreten Phänomens ist der jeweils einfachste geeignete Ansatz heranzuziehen. Diese These wird als erkenntnistheoretisches *Stufenmodell* formuliert.

Abschnitt 4: Anhand einer Reihe ausgewählter Phänomene, die als exemplarische, motivierende Aufhänger dienen sollen, werden *Problembereiche der Wirtschaftsinformatik* auf der Basis der genannten Ansätze systematisch erkenntnistheoretisch erklärt. Sich daraus ergebende Lösungsvorschläge, Nutzeffekte und Konsequenzen für die Wirtschaftsinformatik werden diskutiert.

Es werden folgende Problembereiche besprochen: Besonderheiten des menschlichen Erkenntnisvermögens und deren Folgen für die Festlegung von Erkenntnisobjekten und die Qualität von Erkenntnis, Eigenschaften von Erkenntnisobjekten, Eigenschaften von erkennenden Subjekten, Wechselwirkungen zwischen beiden bei Beobachtungen.

Bei den Einzelphänomenen geht es etwa um Fragestellungen wie die folgende: Warum ist die Konzeption von neuen und besseren Modellierungstechniken und -tools in der Informatik ein ständig aktueller Forschungsgegenstand? Wieweit kann man diese noch verbessern? Ist die Suche mit der Entwicklung objektorientierter Techniken beendet?

Hierauf kennt die Erkenntnistheorie Antworten aus der grundsätzlichen Untersuchung von Beobachtungs- und Modellierungsprozessen, die etwa die Ursachen und die Art des unabdingbaren Spannungsverhältnisses zwischen Realität und Modell im allgemeinen charakterisieren.

Es entsteht kein geschlossen formulierbares Gesamtergebnis, sondern viele Teilergebnisse. Die Quintessenz lautet, daß Wissen um erkenntnistheoretische Zusammenhänge die prinzipiellen erkenntnistheoretischen Probleme zwar nicht beseitigt, aber deren unerwünschte Folgen doch erheblich mildert.

2. Naturwissenschaftliche Erkenntnistheorie und WI

Um naturwissenschaftlich orientierte erkenntnistheoretische Ansätze für die Wirtschaftsinformatik nutzbar zu machen, ist eine Verbindung zwischen ihr und den Naturwissenschaften herzustellen:

- Naturwissenschaften sind empirische Wissenschaften.
- Wirtschaftsinformatik kann als empirische Wissenschaft verstanden werden.

Trotz des empirischen Blickwinkels wird hier keinem radikalen naiven Empirismus (ausschließlich die Erfahrung entscheidet über die Wahrheit von Aussagen) das Wort geredet, sondern es werden die kognitiven Prozesse bei Beobachtung und Modellbildung differenziert untersucht (siehe 3.2.5).

2.1 These

Die Wirtschaftsinformatik kann zumindest in wesentlichen Teildisziplinen als *empirische Wissenschaft* aufgefaßt werden.

Diese Ansicht wird nun in mehreren Schritten begründet.

2.2 Zum Wirtschaftsinformatik-Verständnis

Das folgende Verständnis halte ich für einen konsensfähigen Ausgangspunkt:

Die Wirtschaftsinformatik hat die Aufgabe, *informationsverarbeitende Prozesse* in Unternehmen zu *optimieren*, ohne die Individualität des einzelnen Unternehmens zu zerstören. Die Optimierung geschieht (hauptsächlich) mit, aber auch ohne den Einsatz von Informationstechnik. Sie umfaßt u. a. die Bereiche *Geschäftsprozeßoptimierung* und *Konzeption betrieblicher Informationssysteme.*

2.3 Die essentiellen Verfahren empirischer Wissenschaften

Ich denke, daß ich bei vielen Lesern eine intuitive Vorstellung von naturwissenschaftlicher oder allgemein empirischer Methodologie voraussetzen kann, so daß ich hier nicht weiter auszuholen brauche (genauer in Abschnitt 2).

Formale Modelle sind die wesentlichen Formen empirisch-wissenschaftlicher Erkenntnis. Die zu ihnen führenden Verfahren sind Beobachtung, Modellbildung und Modellformalisierung. Daher empfiehlt es sich, die Wirtschaftsinformatik daraufhin zu untersuchen.

2.4 Wirtschaftsinformatik und empirisch-wissenschaftliche Methoden

2.4.1 Warum hat es die Wirtschaftsinformatik mit Beobachtungen zu tun?

Informationsverarbeitende betriebliche Abläufe (Geschäftsprozesse) können je nach Unternehmen und je nach Unternehmensbereich sehr starke Besonderheiten aufweisen, die oft die Grundlage für deren Lebensfähigkeit bilden. Mit obigem Wirtschaftsinformatik-Verständnis folgt: Die Implementierung vorgegebener Unternehmensmodelle in gewachsene Betriebsstrukturen reicht als Optimierungsmaßnahme nicht, sondern man muß differenziert in zwei Schritten vorgehen:

1. Es muß zunächst eine Optimierung der Geschäftsprozesse durchgeführt werden (Ausschöpfung des organisatorischen Verbesserungs- und *Standardisierungspotentials*).
2. In einem zweiten Schritt sind die verbleibenden jeweiligen *unternehmensindividuellen Besonderheiten* für die Anpassung (customizing) eines betrieblichen Informationssystems zu erfassen.

Beide Schritte benötigen für ihr Gelingen als Basis eine genaue *Beschreibung des Ist-Zustandes* (kein Sollkonzept fällt vom Himmel), für die eine sorgfältige Beobachtung der informationsverarbeitenden Prozesse durch Betriebsangehörige und/oder externe Berater erforderlich ist.

2.4.2 Warum hat es die Wirtschaftsinformatik mit Modellen zu tun?

Nicht jede mögliche Einzelausprägung eines informationsverarbeitenden Prozesses (z. B. der vom Auftrag mit der Nummer 4711 angestoßene Geschäftsprozeß) kann gesondert beobachtet oder gar bei der Beschreibung des Ist-Zustandes eigens erfaßt werden. *Allgemeine Geschäftsprozeßstrukturen* und Gesetzmäßigkeiten müssen ermittelt werden (z. B. die von einem bestimmten Auftragstyp angestoßene Geschäftsprozeßstruktur). Derart allgemeine Aussagen konstituieren Modelle.

2.4.3 Warum hat es die Wirtschaftsinformatik mit formalen Modellen zu tun?

Natürlichsprachliche Modelle sind in der Wirtschaftsinformatik nicht einsetzbar, da eine Rechenanlage (Hardwarebasis eines betrieblichen Informationssystems) als formale Maschine Aussagen in natürlicher Sprache nicht versteht:

„Sobald aber diese Tätigkeit [das Operieren mit Begriffen] auf Maschinen übertragen wird, die nur Logik, aber keine Hermeneutik, keine Methode des Verstehens kennen, ist der Interpretationsspielraum auf Null zu bringen.“[193]

Anweisungen an einen Computer müssen auch bei sehr bequemen Programmieroberflächen letztlich in einer formalen Sprache vorliegen (jede *Programmiersprache* ist eine solche). Aus diesem Grund braucht die Informatik unausweichlich formale Modelle als Grundlage für *Software* (Computerprogramme).

Beim Software-Engineering stehen formale Modelle mit unterschiedlichem Formalisierungsgrad (bezeichnet als fachlicher Entwurf, Fachkonzept, Anforderungsdefinition, Lastenheft, Pflichtenheft) am Ende der analytischen Phase (Problemuntersuchung), die den zentralen kognitiven Prozeß der Wirtschaftsinformatik darstellt. Sie fungieren als Schnittstelle zur synthetischen Phase (Realisierung) und als juristische Vertragsgrundlage zwischen Anwender und Entwickler.

Die Begründung der These 1.1 ist nun abgeschlossen und wird zusammengefaßt.

2.5 Wirtschaftsinformatik vs. Naturwissenschaften

In den *Naturwissenschaften* werden auf der Basis der Beobachtung einzelner natürlicher Phänomene auf dem Weg über Modellbildungsprozesse formale Modelle erstellt. Diese sind für eine mathematische Beschreibung von Eigenschaften der Natur erforderlich und dienen sowohl dem besseren Verständnis dieser Phänomene wie auch als Grundlage für die Vorhersage ähnlicher Phänomene.

In der *Wirtschaftsinformatik* werden auf der Basis der Beobachtung einzelner Ausprägungen informationsverarbeitender Prozesse in Unternehmen auf dem Weg über Modellbildungsprozesse formale Modelle erstellt. Diese sind nötig für die Fachkonzeptbildung zur Implementierung betrieblicher Informationssysteme auf Computern als formalen Maschinen und dienen sowohl der Optimierung dieser informationsverarbeitenden Prozesse wie auch als Referenzmodelle für die Optimierung ähnlicher informationsverarbeitender Prozesse in ähnlichen Unternehmen.

193 Wedekind 1980, S. 1269.

	Naturwissenschaften	**Wirtschaftsinformatik**
Untersuchungsgegenstand	Phänomene der Natur	informationsverarbeitende Prozesse in Unternehmen
Untersuchungsart	Beobachtung	Beobachtung
Verwertung der Beobachtungsergebnisse	Modellbildungsprozeß	Modellbildungsprozeß
Ergebnis des Modellbildungsprozesses	formales Modell Formel	formales Modell Daten-, Informationsfluß-, Geschäftsprozeßmodell
unmittelbarer Zweck	math. Beschreibung	Fachkonzeptbildung für betriebliche Informationssysteme
mittelbarer Nutzen	Erklärung, Verständnis	Optimierung informationsverarbeitender Prozesse
Übertragbarkeit	Vorhersage	Referenzmodelle

Tabelle 1: Gegenüberstellung Naturwissenschaften - Wirtschaftsinformatik

Durch diese grobe Parallelisierung wird nochmals veranschaulicht:

Die entscheidenden drei Methoden, die Wirtschaftsinformatik und Naturwissenschaften gemeinsam haben, sind die zentralen empirisch-wissenschaftlichen Erkenntnisgewinnungsverfahren:

Beobachtung, Modellbildung und Modellformalisierung.

Die hiermit gezeigte *Vergleichbarkeit* der empirischen Vorgehensweisen der Wirtschaftsinformatik und der Naturwissenschaften ist für meine Überlegungen zentral und rechtfertigt überhaupt erst eine weitere Auseinandersetzung mit empirischer (speziell naturwissenschaftlicher) Methodologie sowie eine Untersuchung von Fragestellungen der Wirtschaftsinformatik mit den Mitteln einer naturwissenschaftlich orientierten Erkenntnistheorie.

Diese Untersuchung halte ich für dringend notwendig und sehr effektiv. Sie zeigt die Hintergründe vieler Phänomene und läßt sie in einem anderen Licht erscheinen. Wenn ich nun diesen positiven Standpunkt vertrete, muß ich auch eine Antwort auf die Frage versuchen, warum man sich dann in der Wirtschaftsinformatik nicht oft der Erkenntnistheorie widmet.

2.6 Warum ist die Auseinandersetzung mit der Erkenntnistheorie nicht im Fokus der Forschung?

1. (Wirtschafts)Informatik ist eine noch nicht konsolidierte *relativ junge Wissenschaft*, betreibt kaum Grundlagenforschung, sondern orientiert sich mehr am unmittelbaren praktischen Nutzen und der Einsetzbarkeit ihrer Ergebnisse (Tagesgeschäft, Machbarkeitsdenken, Technikpragmatismus).
2. Die angewandte Informatik (umfaßt Wirtschaftsinformatik) befaßt sich nicht selten mit *sehr stark vorformalisierten* Gegenstandsbereichen, bei denen die Spannung Realität vs formales Modell selbstverständlich nicht (so) deutlich wird (siehe genauer 4.2.2).
   Beispiel: Aufgabenstellungen der numerischen Mathematik und des betrieblichen Rechnungswesens.
   Die Diskrepanz zwischen Realität und Modell und damit die Notwendigkeit einer Beschäftigung mit Erkenntnistheorie wird u. U. erst bei der Formalisierung wenig formalisierter bzw. überhaupt schlecht formalisierbarer Gegenstandsbereiche bewußt und evident.
3. Angewandte Informatik wird mitunter vereinfacht als *reine Hilfswissenschaft* verstanden (von sich selbst und vom Anwendungsbereich her), die die erkenntnistheoretische Beurteilung von Modellen des Anwendungsbereiches diesem überläßt und sich selbst nur mit deren Aufbereitung für den Computereinsatz befaßt.

3. Erkenntnisgewinnung in empirischen Wissenschaften

Nachdem die Wirtschaftsinformatik nach meiner These (1.1) als empirische Wissenschaft betrachtet werden kann, ist der Abschnitt 2 grundlegenden Überlegungen zur Methodologie (der Lehre von den erkenntnisgewinnenden Verfahren) empirischer Wissenschaften gewidmet. Die These wird dadurch genauer erläutert und vertieft. Da ich hier noch von einem erkenntnistheoretisch relativ naiven Standpunkt ausgehe, wird ein geraffter Überblick möglich.

3.1 Beobachtungen

3.1.1 Welche Beobachtungsgegenstände werden wie beobachtet?

Es handelt sich um *Phänomene* (Erscheinungen), die mit der menschlichen Sinneswahrnehmung bzw. mit mehr oder weniger aufwendiger technischer Ausstattung (z. B. mit Meßgeräten) beobachtet werden können.

3.1.2 Wie wählt ein Beobachter zu beobachtende Phänomene aus?

Ein zu beobachtendes Phänomen wird von einem Beobachter aktiv, absichtlich und *gezielt* ausgewählt, ggf. sogar eigens hervorgerufen (man spricht von *Experimenten*). Beobachtung geschieht weder passiv, noch beliebig, noch zufällig.

3.2 Wissenschaftliche Modelle und ihre Gewinnung

3.2.1 Warum muß man in empirischen Wissenschaften über Einzelbeobachtungen hinausgehen?

In empirischen Wissenschaften will man Erkenntnisse gewinnen, die es erlauben, für Klassen gleichartiger Phänomene eines Gegenstandsbereichs bessere *Erklärungen* zu geben und *Vorhersagen* zu treffen. Da man nicht jedes denkbare *Einzelphänomen* eigens beobachten kann, muß man einen anderen Weg beschreiten.

3.2.2 Welche Art von Erkenntnissen gewinnt man aus einzelnen Beobachtungen?

Es wird versucht, aus der Beobachtung gleichartiger, vergleichbarer, als repräsentativ betrachteter Einzelphänomene eines bestimmten Gegenstandsbereiches *allgemeine Gesetzmäßigkeiten* und Zusammenhänge (Aussagen, Sätze, Regeln) zu gewinnen. Diese sollen via Deduktion Vorhersagen über andere spezielle Phänomene der gleichen Art erlauben.

Allgemeine Gesetzmäßigkeiten eines Gegenstandsbereichs sind Formen wissenschaftlicher Erkenntnis und können als „*wissenschaftliche Modelle*“ bezeichnet werden (die Nomenklatur ist hier nicht eindeutig; auch das Wort „*Theorie*“ ist geläufig; Unterschiede zwischen beiden Ausdrücken scheinen mir gekünstelt).

Die Entwicklung wissenschaftlicher Modelle setzt *eine wissenschaftliche Modellierungsabsicht* voraus.

Wissenschaftliche Modelle können *unterschiedliche* Größe und *Komplexität* aufweisen (z. B. einfache mathematische Formeln vs Unternehmensdatenmodelle).

3.2.3 Einschub zur Differenzierung des Modellbegriffs: Welche Vorstufen wissenschaftlicher Modelle kann man unterscheiden?

Natürlichsprachliche Beschreibungen haben aufgrund der klassifikatorischen Eigenschaften von Sprache (Benennung, Mengenbildung) automatisch einen Modellcharakter, ohne daß eigens eine Modellierungsabsicht dahinter stünde. Ich nenne sie *Prämodelle* (4.1.1 Lösungsvorschläge).

Weiterhin sind *nichtwissenschaftliche Modelle* (z. B. Modelleisenbahn) zu nennen, bei denen es zwar eine Modellierungsabsicht gibt, aber keine spezifisch wissenschaftliche.

3.2.4 Wie gewinnt man wissenschaftliche Modelle aus einzelnen Beobachtungen?

Die Gewinnung allgemeiner Aussagen setzt *Abstraktion* von den Akzidenzien (Zufälligkeiten) des Einzelphänomens und Idealtypisierungen voraus. Die *Induktion*, die letztlich zu allgemeineren Aussagen führt, ist ein kreativer menschlicher Akt. Daher gibt es keine wissenschaftlichen Modelle ohne den Menschen als Modellentwickler. Induktion geschieht als Gedankensprung, Idee, Geistesblitz, nicht objektivierbar. Details sind bewußt kaum erklärbar und nachvollziehbar.

Beispiel: Der Physiker Friedrich Hund antwortete in hohem Alter anläßlich eines Gastvortrages, an dem ich um das Jahr 1980 teilnehmen konnte, auf die Frage, wie ihm seine Hundsche Regel über Elektronenkonfigurationen in nicht-abgeschlossenen Schalen eingefallen sei, „durch Anstarren der Spektren".

3.2.5 Wie werden wissenschaftliche Modelle verifiziert und korrigiert?

Die *Induktionsfrage* lautet stets: Welche allgemeinere Aussage gibt es, aus der man die Ausgangsbeobachtungsergebnisse ableiten könnte? Aus einem Induktionsergebnis (einem wissenschaftlichen Modell) kann man aber nicht nur die urspünglichen Beobachtungsdaten (den Ausgangspunkt des Modells) deduzieren, sondern auch weitere Aussagen (Vorhersagen), die mittels gezielter Beobachtungen eine Überprüfung des Modells (vgl. *Korrespondenztheorie* der Wahrheit) erlauben.

Modellbildung (Induktion) und Modelltest (Deduktion) werden iterativ in einem Kreisprozeß durchgeführt. Dieser wird als *maieutischer Zyklus* bezeichnet (nach dem altgriechischen Wort für Hebammenkunst):

1. Ein Modell wird durch einen kreativen Akt induktiv erstellt/modifiziert.
2. Auf deduktivem Weg werden Vorhersagen aus dem Modell abgeleitet und Experimente zu deren Überprüfung (und damit der des Modells) konzipiert.
3. Die Experimente werden durchgeführt.
4. Die neuen Beobachtungsdaten werden interpretiert, mit den Vorhersagen verglichen, bewertet und klassifiziert.

(1./3. empiristischer Anteil, 2./4. rationalistischer Anteil; siehe 3.2.5).

Dieses Gedankengut ist die Grundlage für KARL POPPERS *Fallibilismus* (3.2.4): Ein Modell hat vergleichsweise wenige Beobachtungen als Ausgangspunkt und kann (mathematisch gesehen durch Erweiterung des Definitionsbereiches) auch auf Einzelphänomene angewandt werden, die nicht als sein Ausgangspunkt dienten. Daher kann prinzipiell immer ein Einzelphänomen auftreten, das das Modell via modus tollens falsifiziert (widerlegt).

Beispiel: Die Behauptung, alle Schwäne seien weiß, kann so lange als richtig gelten, bis ein schwarzer beobachtet wird.

3.2.6 Sind wissenschaftliche Modelle eindeutig?

Wegen des induktiven Gedankensprungs und der nicht eindeutig beantwortbaren Induktionsfrage sind zu einem Gegenstandsbereich immer *verschiedene Modelle* möglich. Die möglichen Beziehungen unterschiedlicher Modelle des gleichen Gegenstandsbereichs zueinander kann ich hier nicht ausführen.

3.2.7 Darstellung von Modellen

3.2.7.1 Wie werden wissenschaftliche Modelle dargestellt?

Modelle haben wissenschaftlich nur dann einen Wert, wenn sie *sprachlich* dargestellt sind. Nur so können sie anderen mitgeteilt werden, nur so sind sie öffentlich, nachvollziehbar, reproduzierbar, diskutierbar und daher wissenschaftlich nutzbar.

Modelle sind trivialerweise immer *natürlichsprachlich* (deutsch, englisch etc.) formulierbar. Neben natürlichen Sprachen können teilweise (2.3.2) auch *formale Sprachen* zur Modelldarstellung herangezogen werden.

Als formale Sprache im engeren Sinn wird üblicherweise die Sprache der Mathematik und der Logik bezeichnet. Im weiteren Sinn kann man in der Informatik auch Computersprachen und die Symbolik verschiedener graphischer Darstellungstechniken (wie Entscheidungstabellen, ER-Graphiken, OO-Graphiken, technische Zeichnungen) unter diesen Terminus subsumieren.

3.2.7.2 Wie unterscheiden sich natürliche und formale Sprachen?

Diese Frage kann hier nicht breit untersucht werden. Ich nenne nur drei in diesem Zusammenhang wesentliche Unterschiede.

Natürliche Sprachen sind aufgrund ihrer Unschärfen in vielen Wissenschaftsdisziplinen zur exakten Modelldarstellung nicht geeignet:

1. durch metaphorischen (übertragenen) Wortgebrauch und die Breite der Wortsemantiken ergibt sich als Normalfall: Mehrdeutigkeit (Polysemie, Homonymie) von Wörtern und Desambiguierung der Wortsemantik erst durch den Kontext
2. grundsätzliche diachrone Instabilität von Wortsemantiken
3. betonungsabhängige Satzsemantik (Subjekt-Prädikat-Abfolge auch für Fragen)

Aber natürliche Sprachen haben bereits gewisse *Formalisierungsansätze* (*präformale* Eigenschaften) (4.1.1 Lösungsvorschläge):

1. Standardwortsemantiken, Grundbedeutungen
2. eine gewisse diachrone Stabilität (man versteht Goethe noch heute)
3. Standardsatzsemantiken (Subjekt-Prädikat-Abfolge nur für Aussagen)

Braucht man präzisere, knappere (ökonomischere), prägnantere und elegantere Modelldarstellungen, so muß man zu *formalen Sprachen* greifen oder sich eigens solche konstruieren. Die Grundlage für die Konzeption formaler Sprachen bilden natürliche Sprachen (trotz ihrer formalen Unzulänglichkeiten). Ohne ihre Existenz und ihre Formalisierungsansätze käme der Mensch gar nicht auf die Idee, formale Kunstsprachen zu entwickeln. Diese sind im Gegensatz zu natürlichen Sprachen charakterisiert durch:

1. eindeutige Wortsemantik, keine Ambiguitäten (Polysemien/Homonymien), wohldefinierte Terminologie-Bildungen
2. zeitliche Stabilität der Wortsemantiken durch Konventionalisierung
3. von der Abfolge der Satzteile eindeutig bestimmte Satzsemantik

3.3 Formale Optimierung wissenschaftlicher Modelle

3.3.1 Formale Optimierung wissenschaftlicher Modelle: Warum? Wie? Alle?

Die *didaktischen Ziele* formaler Optimierung sind die Verbesserung von Nachvollziehbarkeit, Verständlichkeit, Überprüfbarkeit und Diskutierbarkeit.

Die *syntaktischen Ziele* sind die Vergrößerung von Ästhetik, Eleganz, Prägnanz und Ökonomie (Kürze) der Darstellung.

Die formale Optimierung wissenschaftlicher Modelle erfolgt in *drei Schritten*:

1. Formalisierung: Formulierung in formaler Sprache
2. Mathematisierung: Herstellung mathematischer Korrektheit
3. Axiomatisierung: Herstellung von Redundanzfreiheit

Nach dem ersten Schritt hat man ein formales, nach dem zweiten ein mathematisches, nach dem dritten ein axiomatisiertes Modell.

Nicht nur formale Modelle sind wissenschaftlich. Es hängt vom jeweiligen *Gegenstandsbereich* und vom *Modellierungszweck* ab, ob eine Formalisierung sinnvoll ist. Daher ist es auch nicht Ziel, jedes Modell zu formalisieren.

Beispiel: Literaturwissenschaftliche oder theologische Modelle eignen sich weniger für eine Formalisierung.

3.3.2 Unter welchen Bedingungen kann man aus natürlicher in formale Sprache übersetzen?

Nicht jede natürlichsprachliche Aussage läßt sich formalsprachlich fassen. Formale Sprache hat bei weitem nicht den Ausdrucksumfang natürlicher Sprache. Sie kann nur die Phänomene beschreiben, die formalisierbar (in formaler Sprache beschreibbar) sind. Konsequenz: *Formalisierbarkeit hängt von den Eigenschaften des jeweiligen Gegenstandsbereichs ab.* Zudem kann nicht jeder Gegenstandsbereich im gleichen Umfang formalisiert werden (siehe genauer 4.2.2).

Natürlich sind Formalisierungen menschliche Konstrukte. Aber erfahrungsgemäß kann man nicht jeden Gegenstandsbereich formalisieren. Daher gibt es bestimmte gegenstandsbereichsimmanente Eigenschaften, die sich dem erkennenden Subjekt als Formalisierbarkeit (diese ist eine Beschreibungsgröße, 3.1.3) zeigen.

Beispiel: Der natürlichsprachliche Satz „die Blätter dieses Baumes bewegen sich im Wind“ ist nicht formalisierbar. Bereits die Wirklichkeitsreferenz *dieser* entzieht sich einer Formalisierung, geschweige denn die Beschreibung der Komplexität der Bewegung.

3.3.3 Warum werden Modelle formalisiert?

Formalisierung ist der erste Schritt zur formalen Optimierung wissenschaftlicher Modelle. Ergebnis ist ein *formales Modell.* Gründe dafür sind:

1. Die Verwendung *formaler Sprache* bietet die in 2.2.7.2 genannten Vorteile.
2. Eine formalsprachliche Darstellung zwingt zu *genauerer Reflexion* als eine natürlichsprachliche, da natürliche Sprache im Normalfall auch bei diszipliniertem Gebrauch (unbeabsichtigt) immer gewisse Unschärfen im Denken bewirkt.
3. Formalität erleichtert die *Mathematisierung* (2.3.4) erheblich.
4. Ein pragmatischer Grund für die Formalisierung eines Modells kann auch sein, daß es in der angewandten Informatik als Grundlage für ein *Computerprogramm* dienen soll (1.4.3).

3.3.4 Warum werden formale Modelle mathematisiert?

Mathematisierung ist der zweite Schritt formaler Optimierung und besteht aus der Bildung eines *mathematischen Modells.*

Formalität impliziert noch nicht logische Konsistenz und ist insofern prämathematisch. Daher werden formale Modelle weiter perfektioniert, um *mathematische Korrektheit* zu erreichen. Sie besteht in:

1. *Konsistenz*: Das Modell enthält keine inneren Widersprüche. (Formalität ist keine Garantie für Widerspruchsfreiheit.)
2. *Explizitheit*: Nichts (mit Ausnahme von Axiomen, 2.3.5) wird als selbstverständlich vorausgesetzt. Es gibt keine impliziten Annahmen und Voraussetzungen, die als intuitiv klar angenommen werden.

Besteht ein formales Modell nur aus einer einzigen mathematischen Formel, so ist es trivialerweise gleichzeitig ein mathematisches Modell. Der Mathematisierungseffekt wird erst bei komplexeren Modellen spürbar.

3.3.5 Warum werden mathematische Modelle axiomatisiert?

Der dritte Schritt einer formalen Modelloptimierung führt zu einem *axiomatisierten Modell* und geschieht durch explizite Axiomatisierung. Die Aussagen (Sätze) eines mathematischen Modells werden auf Axiome, d. h. grundlegende Sätze, zurückgeführt, die als Grundannahmen nicht bewiesen werden. Dadurch wird die Ökonomie eines mathematischen Modells weiter erhöht und *Redundanzfreiheit* (kein Axiom kann aus den anderen hergeleitet werden) erreicht.

Beispiel: Ein Entity-Relationship-Modell ist formal, aber nicht axiomatisiert. Die mathematische Optimierung geschieht durch Konstruktion eines Modells in dritter Normalform (nicht nur für relationale Datenbanken!). Der Normalisierungskalkül reduziert unkontrollierte Redundanzen auf kontrollierte.

3.3.6 Welche Art von Mathematik ist bei der Formalisierung und Mathematisierung von Modellen nötig?

3.3.6.1 Kreativ vs. reproduktiv

Eine kreative Mathematik etabliert für bisher nicht oder nur teilweise formalisierte (mathematisierte) Gegenstandsbereiche wohldefinierte (eine Definition ist nicht per se mathematisch wohldefiniert) neue Terminologie-Definitionen (in Gestalt von Begriffs-Axiomen) und wählt geeignete mathematische Konzepte für die weitere Beschreibung aus.

Eine rein reproduktive Mathematik, die sich auf die Anwendung von Definitionen, Sätzen und Rechenvorschriften beschränkt, reicht nicht zur Formalisierung von Modellen (2.3.6.3).

3.3.6.2 Wirklichkeitsbezogen vs. spekulativ

Mathematische Modelle orientieren sich an der Realität, wie in der angewandten Mathematik und bei den Axiomensystemen von Hilbert (euklidische Geometrie der Ebene) und Peano (natürliche Zahlen) üblich. Es gibt keine willkürliche, spekulative Axiomensetzung.

3.3.6.3 Einfach vs. komplex

In der Wirtschaftsinformatik werden nur ganz spezifische - häufig der natürlichen Sprache verwandte - einfache mathematische Konzepte benutzt, z. B. Funktion, Kreuzprodukt, Äquivalenzrelation. Tiefliegende mathematische Konzepte kommen nicht zur Anwendung. Warum das so ist, muß Gegenstand einer anderen Erörterung bleiben.

3.4 Welchen Erklärungswert haben mathematische Modelle?

Sie beschreiben detailliert die *mathematischen Eigenschaften* von Phänomenen (das Was) und erlauben Vorhersagen. Insoweit haben sie einen Erklärungswert. Sie können aber keine Aussage über das Wie der Wirkmechanismen treffen.

„Physics is mathematical, not because we know so much about the physical world, but we know so little: it is only its mathematical properties that we can discover.“ (Russell 1927, 163)

Dieser Gedanke wird in 4.1.1 (funktionale Modelle) fortgeführt.

Beispiel: Mit der mathematischen Beschreibung des freien Falls kann man Fallzeiten berechnen, erhält aber keinen Aufschluß über die Wirkungsweise der Gravitation, also darüber, wie es die Erde „anstellt“, einen Körper anzuziehen.

4. Erkenntnistheoretische Ansätze der WI

4.1 Welche Existenz-/Seinsebenen von Erkenntnisgegenständen sind denkbar?

POPPERs Drei-Welten-Theorie: Ich halte sie für ein ausgezeichnetes erkenntnistheoretisches Modell, das gleichzeitig ein hervorragendes Rubrizierungsschema für verschiedene erkenntnistheoretische Ansätze darstellt (3.2). *POPPER* unterscheidet in seinem Buch „Objektive Erkenntnis" drei verschiedene Seinsebenen (Existenzebenen) von Erkenntnisgegenständen (Erkenntnisobjekten, Gegenstandsbereichen).[194] Zu jeder gehört eine besondere Seinsweise (Existenzform).

4.1.1 Die drei Welten in Poppers Drei-Welten-Theorie

4.1.1.1 Welt 1: „Natur", natürliches Universum, Realwelt

Sie wird verstanden als die *empirische Welt der sinnlich wahrnehmbaren Dinge*. Sie umfaßt die naturgegebene physikalisch-chemisch-biologische Welt sowie die für den naiven Beobachter scheinbar naturgegebene, aber vom Menschen geprägte sozial-ökonomisch-technische Welt (z. B. konkrete betriebliche Abläufe).

4.1.1.2 Welt 3: „Kultur", diskursives Universum, Vorstellungs- / Modellwelt

Sie wird verstanden als die *begriffliche Welt der geistig wahrnehmbaren Dinge*, der realen und potentiellen (z. B. Fragen nach den Eigenschaften mathematischer Größen, die aus deren Definition erwachsen) Gegenstände des Denkens. Sie ist das (ungeplante) Produkt der menschlichen Geistesgeschichte, eine konstruktivistische Schöpfung des Menschen also (im Gegensatz zum platonischen Verständnis einer präexistenten Ideenwelt, an die man sich nur via Anamnesis zu erinnern braucht). Sie ist sprachlich kommunizierbar und umfaßt (platonische) Ideen, „Dinge an sich", kulturelle Begriffe, Sprachen (als Basisbeschreibungsraster der Welt 1), Inhalte von Bibliotheken, Problembeschreibungen, kritische Argumente, Beobachtungsraster, abstrakte Vorstellungen, mathematische Größen, mathematisch wahre und falsche Behauptungen, empirisch-wissenschaftliche Modelle aller Art (z. B. physikalische Formeln, Unternehmensdatenmodelle).

Die Inhalte der Welt 3 sind synchron betrachtet pluralistisch, heterogen und vielschichtig. Sie können inkohärent (z. B. unvereinbare Modelle) und logisch inkonsistent sein.

---

[194] Vgl. Popper (1973), S. 158 ff.

Von einem diachronen Standpunkt aus sind die Welt-3-Elemente zeitlich dynamisch (instabil) und diskontinuierlich (nicht aufwärtskompatibel). Aus dieser Situation können hausgemachte *Aporien* entstehen.

Die Welt-1-Welt-3-Dichotomie ist aus der klassischen Antike bekannt. Popper erweitert sie um die Welt 2.

4.1.1.3 Welt 2: „menschliches Individualbewußtsein"

Sie wird verstanden als die subjektive, persönliche, geistig-psychische Handlungs- und Erlebenswelt des Individuums. Jedes Individuum hat natürlich seine eigene Welt 2. Sie umfaßt Bewußtseinszustände und Handlungsdispositionen sowie nichtsprachliche Welt-1-„Bilder", deren sprachliche Beschreibungen (Welt 3) und sprachliche Welt-3-„Bilder" (individuelle Kenntnisse und Weltanschauungen), die alle miteinander interagieren und interferieren (3.1.2). Mit der Vorstellung von „Bildern" interpretiere ich POPPER bereits.

4.1.2 Beziehungen zwischen Poppers drei Welten

4.1.2.1 Welche Beziehungen bestehen zwischen Welt 1 und Welt 2?

Die Welt 1 ist für den Menschen über nichtsprachliche Welt-1-Bilder zugänglich, die durch eine bereits unbewußt abstrahierende und filternde Sinneswahrnehmung vermittelt sind und durch Welt-3-Konzepte sprachlich erfaßt werden.

4.1.2.2 Welche Beziehungen bestehen zwischen Welt 2 und Welt 3?

Ein einzelner Mensch kann in seiner Ontogenese nicht den gesamten Weg der Geistesgeschichte (Phylogenese) persönlich nachvollziehen, also die Welt 3 erneut erschaffen. Daher wird er mit deren Ergebnissen (nämlich den Gegenständen der Welt 3) konfrontiert, muß sie sich teilweise aneignen und eigene Welt-3-Bilder aufbauen (z. B. wenn er eine Sprache lernt). Damit ist die Welt 3 für den einzelnen Menschen keine Fiktion, sondern real existent, wenn auch auf eine andere Weise als die Welt 1. Da die Welt 3 auch potentielle Gegenstände des Denkens enthält (3.1.1.2), gewinnt sie eine gewisse Autonomie. So transzendiert die Welt 3 ihre Schöpfer und wirkt auf deren Denken (Welt 2) zurück.

Umgekehrt trägt jeder einzelne Mensch über die Mitteilung seiner Welt-3-Bilder an andere zur Veränderung der Welt 3 bei, etwa durch Prägung spezieller Terminologien bei der Modellbildung und die Konzeption von Modellen überhaupt.

4.1.2.3 Welche Beziehungen bestehen zwischen Welt 3 und Welt 1?

Es liegt in beiden Richtungen nur eine indirekte Beziehung vor, vermittelt über die Welt 2.

Theorien der Welt 3 können vom Menschen (Welt 2) zur (Um)Gestaltung seiner Lebenswelt (Welt 1) verwendet werden, etwa technisches Wissen, sozialökonomische Organisationsformen, mathematische Strukturen (z. B. Rechnungswesen).

Umgekehrt wirkt die Welt 1 auf die Welt 3, weil der Mensch ständig neue Beschreibungsgrößen für sein Welt-1-Verständnis konstruiert.

4.1.3 Wie ist der Modellbegriff in Poppers Drei-Welten-Theorie einzuordnen?

Sowohl bereits vorhandene als auch neu geschaffene Konzepte der Welt 3 (*Metaebene*) dienen dem Menschen als *Beschreibungsgrößen* (*Erkenntnisgrößen* bzw. *Formalkategorien* bei formalen Modellen) für *immanente Größen* (*Realkategorien*) der Welt 1 (*Objektebene*). In diesem Sinne sind Modelle mehr oder weniger komplexe Beschreibungsgrößen, die aus einfachen Welt-3-Konzepten (sprachlichen Elementen) aufgebaut sind. Sie dienen dem Welt-1-Verständnis.

Die Welt 3 stellt vielerlei Beschreibungsgrößen (Beobachtungsraster, Interpretationsmuster, Abstraktionen und Filter in Gestalt von Vorwissen bzw. Vorurteilen) bereit. Dadurch unterstützt sie einerseits die sprachliche Beschreibung der Welt 1, nimmt aber andererseits auch starken Einfluß auf sie.

Wegen der ungeheuren Vielfalt realer und potentieller Beschreibungsgrößen bilden Modelle keine einheitliche, durchgängige Teil-Seinsebene der Welt 3, sondern eine hochdifferenzierte Struktur: Sie umfaßt gleichzeitig verschiedenste Abstraktionsebenen (z. B. Structured-Analysis-Ebenen) mit Überlagerungen, Überschneidungen, Rückkopplungen, Hierarchien. Jedes Modell kann selbst wieder als Vorlage eines abstrakteren Modells dienen.

Diese Gedankengänge werden in 4.1 fortgesetzt.

4.1.4 Poppers Konsequenzen aus seiner Drei-Welten-Theorie

Ich teile Poppers Einstellung zur Erkenntniszugänglichkeit der Welt 1, einen kritischen Realismus in der Ausprägung eines kritischen Rationalismus (Fallibilismus), und werde sie in Abschnitt 4 weiter verfolgen. Ich kann aber seine stark objektivistische Einschätzung der Welt 3 nicht akzeptieren, die auch Erkenntnis ohne erkennendes Subjekt annimmt;[195] diesbezüglich neige ich zu einem gemäßigten Konstruktivismus (im Ggs. zu einem radikalen; nicht zu verwechseln mit dem logischen (konstruktive Wissenschaftstheorie); doch dies nur der Vollständigkeit halber).

---

195 Vgl. Popper 1972, S. 112.

4.2 Welche Erkenntnistheorie-Ansätze sind für empirische Wissenschaften, insbes. für die WI relevant?

Verschiedene erkenntnistheoretische Positionen unterscheiden sich dadurch, wie sie zu bestimmten Grundfragen über Qualitäten menschlicher Erkenntnis Stellung nehmen. Diese Entscheidungsdimensionen eignen sich gut zur Gliederung von 3.2. Bei meinen Ausführungen lasse ich für empirische Wissenschaften (und damit auch für die Wirtschaftsinformatik) m. E. ungeeignete Ansätze von vornherein weg und betrachte nur mir erfolgversprechend und pädagogisch leicht vermittelbar erscheinende.

4.2.1 Welche der drei Popperschen Seinsebenen ist erkenntniszugänglich?

Da es die Wirtschaftsinformatik mit Erkenntnisgegenständen der Welt 1 (Unternehmen) zu tun hat, braucht man einen Ansatz, der diese für erkenntniszugänglich hält, nämlich den *Realismus* (allerdings nur eine spezielle Variante).

4.2.2 Auf welche Weise ist die Welt 1 erkenntniszugänglich?

Die Welt 1 ist für den Menschen nur indirekt über eine aktive, bereits auf unbewußter, nichtsprachlicher Ebene interpretierende und filternde Sinneswahrnehmung und eine sprachliche Beschreibung mit Welt-3-Konzepten zugänglich (vgl. 4.1.1). Diese Meinung vertreten der *kritische Realismus* und die *evolutionäre Erkenntnistheorie* (eine besondere Ausprägung des kritischen Realismus). Die zweite Position schwächt die Konsequenzen dieses Standpunktes etwas ab: Im Laufe der Evolution entwickeln sich die erkenntnisgewinnenden Strukturen des Menschen in Anpassung an die Modalitäten der Wahrnehmung, sind letzteren also nicht „hilflos ausgeliefert". Der naive Realismus mit seiner Annahme einer direkten Erkenntniszugänglichkeit der Welt 1 über eine passive, nur aufnehmende und getreu wiedergebende Sinneswahrnehmung ignoriert sinnes- und neurophysiologische Forschungsergebnisse.

4.2.3 Wie gut, inwieweit ist die Welt 1 erkenntniszugänglich?

Ein für die Wirtschaftsinformatik brauchbarer Ansatz muß zumindest eine approximative Erkenntniszugänglichkeit der Welt 1 annehmen, wie es der *kritische Realismus* tut. Die *evolutionäre Erkenntnistheorie* begründet diesen Standpunkt damit, daß der Mensch in der biologischen Evolution nicht überlebt hätte, wenn seine Erkenntnisstrukturen untauglich wären und er die Welt 1 nicht einmal näherungsweise erfassen könnte: Der menschliche „Weltbildapparat“ (Lorenz) kann sich keine existenzgefährdenden Irrtümer leisten. Daß die Welt 1 für den Menschen nicht naiv-realistisch vollständig erkenntniszugänglich ist, folgt aus der Verzerrung durch interpretierende kognitive Prozesse.

4.2.4 Ist sichere objektive Erkenntnis der Welt 1 möglich?

Die Gedankensprünge bei der Induktion und die Verzerrungseffekte der Wahrnehmung verbieten einen radikalen Objektivismus. Ein reiner Relativismus, der sichere objektive Kenntnis pauschal und undifferenziert verneint, ist für die Wirtschaftsinformatik ebenfalls nicht geeignet. Es empfiehlt sich, die Möglichkeit einer approximativ, je nach Gegenstandsbereich unterschiedlich sicheren Erkenntnis anzunehmen, wie es der Fallibilismus (kritische Rationalismus; 2.2.5) POPPERs tut. Dieser ist eine besondere Ausprägung des *kritischen Realismus*. Der genannte Standpunkt führt zu einem Wahrheitsbegriff, der immer nur in Relation zu einem bestimmten Bezugsrahmen definierbar ist.

4.2.5 Welche Erkenntnisquelle entscheidet über die Wahrheit von Aussagen?

Der naive Rationalismus nennt allein Vernunft und Deduktion als Entscheidungskriterien über die Wahrheit von Aussagen, der naive Empirismus allein Erfahrung und Induktion. Daß keiner der beiden Standpunkte richtig ist, zeigt das Zusammenspiel empiristischer und rationalistischer Komponenten beim bereits beschriebenen (2.2.5) maieutischen Zyklus und bei der Interaktion der drei POPPERschen Welten (3.1.2; siehe auch 4.4):

1. Beobachtungsraster (Verstand) beeinflussen die Auswahl von Beobachtungsgegenständen und Beobachtung(sinterpretation)en.
2. Beobachtungen (Erfahrungen) verändern Beobachtungsraster.

Eine Zusammenführung der beiden Standpunkte versuchte Kant. Seine transzendentale Erkenntnistheorie/Idealismus führte die sogenannte *kopernikanische Wende* der Metaphysik herbei mit der These:

„Die Erkenntnis richtet sich nicht nach den Gegenständen, sondern die Gegenstände nach der Erkenntnis.“ Moderner formuliert: „Die Objekte der Erkenntnis werden vom menschlichen Erkenntnisvermögen (von seinen kognitiven Strukturen) bestimmt.“ (siehe auch 4.1)

Daraus folgt, es muß Grundprinzipien menschlicher Erkenntnis geben, die keine Erfahrung voraussetzen, also - wie Kant sagt - apriorisch sind: Er spricht vom a priori (den „Vorgegebenheiten“) der Anschauung (der Wahrnehmung) und des Verstandes (des Denkens), letzteres *Kategorien* genannt. Kant versteht unter dem Apriori etwa Grundprinzipien der Raum- und Zeitanschauung und des Kausalitätsdenkens. Seine Grundthese läßt sich damit auch so ausdrücken: „Objekt der Erfahrung kann nur sein, was unter der Ordnung der Kategorien steht.“

4.2.6 Woher kommt das Kantsche a priori?

Wie der Name „transzendentale Erkenntnistheorie/Idealismus“ schon sagt, geht Kant von einem übernatürlichen, transzendentalen Ursprung des a priori (der ideae innatae) aus. Biologisch betrachtet findet die *evolutionäre Erkenntnistheorie* leicht eine natürliche, stammesgeschichtliche Herkunft: Das a priori sind die menschlichen sinnes-, neuro- und hirnphysiologischen Strukturen, und dieser „Weltbildapparat“ (LORENZ) ist ein Ergebnis der Evolution. Das a priori der Ontogenese ist das a posteriori der Phylogenese.

Die evolutionäre Erkenntnistheorie wurde systematisch von LORENZ (1941) begründet mit seinem klassischen Aufsatz „KANTs Lehre vom Apriorischen im Lichte gegenwärtiger Biologie“. Vordenker finden sich schon Ende des 19. Jahrhunderts, besonders in Gestalt der Wiener Physiker BOLTZMANN, VON HELMHOLTZ und MACH. Prominente heutige Vertreter sind in Österreich der LORENZ-Schüler RIEDL und in Deutschland VOLLMER.

4.3 Welche Charakteristika haben kritischer Realismus und evolutionäre Erkenntnistheorie?

Die für die Wirtschaftsinformatik wesentlichen erkenntnistheoretischen Ansätze sind nun herausgearbeitet und werden auf ihre Vereinbarkeit und ihre besonderen Erklärungswerte hin untersucht.

4.3.1 Wie sind verschiedene Erkenntnistheorie-Ansätze miteinander vereinbar? These: Stufenmodell

Die Auswahl eines adäquaten erkenntnistheoretischen *Erklärungsansatzes* hängt ab vom *Erkenntnisobjekt* und der zu untersuchenden *Fragestellung* (nach Gegenstandsbereichen differenzierend, kasuistisch, eklektisch). Alle drei müssen zueinander passen. Man wähle jeweils den einfachsten geeigneten Ansatz.

Beispiel: Die Erkenntnisproblematik bei der Beschreibung eines Hauses ist eine qualitativ andere als bei der Beschreibung von Elementarteilchen und als bei der Beschreibung der Geschäftsprozesse eines Betriebes.

In einem Stufenmodell können nur miteinander vereinbare, *kohärente* Ansätze verbunden werden.

Beispiel: Nicht kohärent sind etwa das Wellen-Modell und das Teilchen-Modell der Elementarteilchenphysik.

4.3.2 Wie ist der naive Realismus zu charakterisieren?

Er ist der einfachste erkenntnistheoretische Ansatz überhaupt, aber auf jeden Fall ausreichend für den Umgang mit der physikalischen Alltagswelt. Sobald man aber in Randbereiche (z. B. optische Täuschungen) kommt, sich der sozialen Alltagswelt (z. B. Unternehmen als Erkenntnisgegenständen der Wirtschaftsinformatik) zuwendet oder Elementarteilchen betrachtet, reicht eine naiv-realistische Auffassung sehr schnell nicht mehr aus (siehe auch 4.1).

Der naive Realismus ist also für Fragestellungen der Wirtschaftsinformatik nicht brauchbar. Trotzdem nenne ich ihn an dieser Stelle aus zwei Gründen:

1. Er ist der einfachste alltagsgeeignete Ansatz in diesem Stufenmodell.
2. Man findet ihn leider allenthalben bei unbedarften Informatikern, und gerade die Marktschreier für moderne Modellierungstechniken verbreiten ihn. (Das sagt wohlgemerkt nichts gegen Modellierungstechniken wie Objektorientierung und CASE, sondern nur gegen Fehleinschätzungen ihres Wertes und ihrer Möglichkeiten.)

4.3.3 Wie ist der kritische Realismus zu charakterisieren?

Er kann als eine kohärente, aufwärtskompatible Erweiterung des naiven Realismus aufgefaßt werden (letzterer ergibt sich unter diesem Aspekt als Spezialfall des kritischen Realismus für „einfache“ Erkenntnisobjekte, bei denen die Diskrepanz zwischen Realität und Wahrgenommenem keine deutlichen Konsequenzen hat). Eine enge Verbindung zum kritischen Rationalismus (Fallibilismus) ist festzustellen. Die in 3.2.4 beschriebene differenzierte Auffassung zwischen den harten Positionen eines radikalen naiven Objektivismus und eines ebensolchen Relativismus ist charakteristisch für den kritischen Realismus.

Von Beobachtungsphänomenen der Elementarteilchenphysik ausgehend, betont man die Interaktion von Beobachter und Beobachtungsgegenstand. Somit wird eine harte erkenntnistheoretische Subjekt-Objekt-Trennung abgelehnt (siehe 4.4). Statt dessen wird folgende Ansicht vertreten: Unterschiede in der Wahrnehmung beruhen auf Unterschieden im Gegenstandsbereich, der aus Subjekt (Beobachter) und Objekt (Beobachtungsgegenstand) besteht. Der Beobachter ist Teil des Gegenstandsbereichs, den er beobachtet, und die Beobachterdisposition kann einen Einfluß auf die Beobachtung ausüben.

Beispiel: Man halte die linke Hand in kaltes Wasser, die rechte in warmes. Sodann tauche man beide in lauwarmes. Die linke Hand wird es als wärmer als die rechte empfinden. Der Unterschied in der Wärmeempfindung dauert eine gewisse Zeit an.

4.3.4 Wie ist die evolutionäre Erkenntnistheorie zu charakterisieren?

Sie ist eine kohärente, aufwärtskompatible Erweiterung des kritischen Realismus unter biologischem Aspekt. Phänomene, die der kritische Realismus einfach zur Kenntnis nehmen muß, kann die evolutionäre Erkenntnistheorie aus ihrem entwicklungsgeschichtlichen Verständnis erklären und begründen.

Eine - wegen des bisherigen evolutionären Erfolgs menschlichen Denkens - vom Grundsatz her positive Einstellung diesem gegenüber führt zur Annahme einer in Grenzen relativ guten Approximation der Welt durch menschliche Erkenntnisse (3.2.3). Daher werden menschliche Denkweisen weniger wertend präskriptiv-normierend, als vielmehr wertneutral deskriptiv betrachtet: Wie denkt der Mensch aufgrund seiner Wahrnehmungsfunktionen und Gehirnstrukturen? So kann die evolutionäre Erkenntnistheorie bestimmte Besonderheiten von Denkleistungen (die in manchen Bereichen als *Fehler*, Gefahren oder Absurditäten gewertet werden) aus im Laufe der Evolution gelernten kognitiven Strukturen und Verhaltensweisen erklären. Beispiel: Warum ist der naive Realismus die ursprüngliche, primäre erkenntnistheoretische Auffassung? Das Erkenntnisvermögen des Menschen (als biologische Eigenschaft) ist primär von seiner physikalischen Alltagswelt (Vollmers „*Mesokosmos*") bestimmt, in der naiv-realistische Vorstellungen weitgehend genügen. Einen Reflex der naiv-realistischen Basis des menschlichen Erkenntnisvermögens bildet der primäre erkenntnistheoretische Standpunkt, eben der naive Realismus (siehe auch 4.1.2). In Konsequenz dieser Überlegung kann man sogar sagen: Das Spektrum der erkenntnistheoretischen Ansätze und das Spektrum des menschlichen Erkenntnisvermögens lassen sich parallelisieren.

5. Erkenntnistheoretische Probleme der WI

Nach der Vorstellung geeigneter erkenntnistheoretischer Positionen soll der Einsatz von Erkenntnistheorie in der Wirtschaftsinformatik nun systematisch illustriert werden. Die Problembereiche werden gemäß einem einfachen erkenntnistheoretischen Schema eingeteilt (wie bei jeder akademischen Rubrizierung werden unvermeidlich Überschneidungen und Interdependenzen erzeugt). Die ausgewählten Einzelphänomene haben motivierenden und exemplarischen Charakter. Die Einschätzung des Gewichts ihrer jeweiligen Problematik mag je nach Erfahrungshintergrund variieren.

5.1 Welche Besonderheiten weist das menschliche Erkenntnisvermögen auf?

Das menschliche Erkenntnisvermögen (die Fähigkeiten, Möglichkeiten, Arten, Wege und Randbedingungen menschlicher Erkenntnisgewinnung) bestimmt die *Erkenntnisgegenstände.* (Daß diese nicht vom Himmel fallen, wußte schon Kant (3.2.5).) Andererseits bestimmt das Erkenntnisvermögen indirekt auch die *Qualität von Erkenntnis,* da nur über vom Erkenntnisvermögen festgelegte Erkenntnisgegenstände Erkenntnis gewonnen werden kann.

Obwohl die evolutionäre Erkenntnistheorie die kognitiven Strukturen für durchaus effektiv hält (3.2.3), sind bei der Festlegung von Erkenntnisobjekten die folgenden beiden Dilemmata zu bedenken. Sie ergeben sich aus dem kognitiven Erfordernis der *Komplexitätsreduktion* und haben qualitative Besonderheiten der Erkenntnis zur Folge.

4.1.1: Interpretation, Abstraktion, Induktion → Isomorphieproblem

4.1.2: (nicht eindeutige) Strukturierung → Isolierbarkeitsproblem

5.1.1 Dilemma 1: Notwendigkeit filternder, interpretierender, abstrahierender, induktiver Erkenntnisprozesse: Isomorphieproblem Welt - Modell

5.1.1.1 Phänomene

1. Warum werden ständig neue Modellierungsmethoden gesucht?
2. Warum kann auch objektorientierte Modellierung letztlich nicht das Erwünschte und Versprochene, nämlich die 1:1-Abbildung der Realität, leisten?

5.1.1.2 Erklärung durch den kritischen Realismus

Der Mensch braucht Erkenntnisse über die Welt 1, hat aber keinen direkten Erkenntniszugang zu ihr, sondern nur zu Welt-1-Bildern in der Welt 2. Diese entstehen durch filternde und interpretierende Wahrnehmungsprozesse und werden mit Welt-3-Konzepten sprachlich beschrieben (3.2.2) (*unmittelbare Erkenntnisobjekte* der Welt 2 und der Welt 3). Sie erlauben einen indirekten (den einzigen!) Erkenntniszugang zur Welt 1 (*mittelbare Erkenntnisobjekte*).

Die „Distanz" zwischen Welt 1 und Welt 3 ist also zu überbrücken. Dazu muß ein mehrstufiger, komplexer erkenntnisgewinnender Prozeß ablaufen, bis man bei wissenschaftlichen Erkenntnissen anlangt:

1. Filterung und Interpretation durch sinnliche Wahrnehmung →
   Welt-1-Bilder (nichtsprachlich) in der Welt 2
2. Etikettierung und Interpretation durch Mittel natürlicher Sprache
   (Rückwirkung vorhandener Welt-3-Konzepte) →
   sprachliche Beschreibungen von Welt-1-Bildern in der Welt 3 (Prämodelle)
3. wissenschaftliche Modellierungsabsicht, Abstraktion, Induktion, Terminologiedefinition → wissenschaftliche Modelle
4. Formalisierung → formale Modelle (abhängig vom Gegenstandsbereich; 2.3.2, 4.2.2)
5. Mathematisierung → mathematische Modelle

Wegen der Verzerrungen auf den einzelnen Stufen ergibt sich ganz natürlich eine unausweichliche Diskrepanz, ein unabdingbares Spannungsverhältnis zwischen Modell und Welt-1-Gegenstandsbereich, das mit der Anzahl der Stufen zunimmt, insbesondere durch Formalisierung. Die jeweiligen Strukturkomponenten (immanente Größen der Welt 1 und *Beschreibungsgrößen* der Welt 3) brauchen sich keineswegs zu entsprechen. Diese fehlende Strukturgleichheit (Isomorphie) bewirkt das *Isomorphieproblem*: Der Mensch muß Erkenntnisse über die Welt 1 gewinnen und kann das nur auf dem Weg über die Welt 2, obwohl die so erlangten Erkenntnisse den immanenten Gegebenheiten der Welt 1 nicht zu entsprechen brauchen. Wenn man viel Glück hat, approximiert man die unerreichbare Isomorphie wenigstens durch Homomorphie (Strukturähnlichkeit).

5.1.1.3 Erklärung durch die evolutionäre Erkenntnistheorie

Nachdem der kritische Realismus die Fakten festgestellt hat, kann man die evolutionäre Erkenntnistheorie nach einer Begründung fragen.

Das menschliche Erkenntnisvermögen und daraus resultierend die Qualität menschlicher Erkenntnisse ist bestimmt vom biologischen Zweck von Erkenntnissen. Er besteht in der Aufgabe, das Überleben in der Welt 1 und in ihrem Alltagsgeschehen zu sichern und Überlebensvorteile zu gewinnen, und nicht darin, die Welt 1 zu verstehen.

Im Rahmen der Evolution ist es nicht überlebenswichtig, das Wie der Welt 1 im Detail zu verstehen (strukturgleiche Modelle), sondern nur das Was (*funktionale Modelle*): In letzterem Sinne haben Modelle immer erkenntnistheoretischen Wert (2.4).

5.1.1.4 Erklärungsansatz für die genannten Phänomene der Wirtschaftsinformatik

Phänomen 1: Das Isomorphieproblem ist prinzipiell unlösbar und durch keine Methode (auch nicht durch objektorientierte Techniken) überwindbar. Die betreffenden Ansätze erinnern an die unzähligen Versuche zur Quadratur des Kreises zu einer Zeit, als die grundsätzliche Unlösbarkeit des Problems längst bewiesen war. Modellierungsmethoden und -werkzeuge können prinzipielle erkenntnistheoretische Konflikte nicht lösen, daher soll man keinen Modeerscheinungen nachlaufen, die diesbezüglich an der Oberfläche bleiben.

Phänomen 2: Reale Objekte (Welt 1) und Entitäten bzw. OO-Objekte (Umetikettierungen ändern nichts an der Tatsache) stehen sich im Sinne des Isomorphieproblems gegenüber. Letztere sind Beschreibungsgrößen (Welt 3). Sie werden *nicht* als immanente Größen (Welt 1) naiv-realistisch auf der Straße *gefunden* (wie etwa Seefahrer Kontinente und Inseln entdeckten, die auch ohne Wissen des Menschen existierten), *sondern* konstruktivistisch *erfunden* und durch Attribute (und OO-Methoden), nicht allein durch Namen konstituiert. Sie sind künstlich geschaffene, menschliche Konstrukte.

Die Methoden der Entity-Relationship- bzw. objektorientierten Modellierung brauchen geeignet definierte Entitäten bzw. OO-Objekte als Input. Sie können dem Menschen die Festlegung von Beschreibungsgrößen nicht abnehmen (3.1.3). Obige Techniken werden diesbezüglich oft völlig unreflektiert angewendet.

5.1.1.5 Lösungsvorschlag

Trotz des unlösbaren Isomorphieproblems muß man natürlich formale Modelle entwikkeln und kann das auch approximativ recht erfolgreich tun. Das setzt aber eine reflektierte Methodik voraus (siehe auch 4.3.2.1).

Formale Modelle haben zwei Ausgangspunkte:

1. formalsprachliche *Referenzmodelle* anderer Welt-1-Gegenstandsbereiche,
2. sorgfältige, reflektierte *Beobachtung* des untersuchten Welt-1-Gegenstandsbereichs und hieraus abgeleitete natürlichsprachliche *Prämodelle* (2.2.3) von ihm.

Mit diesen Ausgangspunkten ist folgendermaßen weiter zu verfahren:

1. Es sind geeignete Referenzmodelle (nicht nur eines!) zu suchen und per *Analogie* auf den untersuchten Welt-1-Gegenstandsbereich zu übertragen.
2. Die Prämodelle enthalten (aufgrund der Formalisierungsansätze natürlicher Sprachen) punktuelle, „atomare" präformale Strukturen (2.2.7.2) als Kristallisations- bzw. Kondensationspunkte formaler Modellierung. Die präformalen Strukturen sind auf ihre

formale Tauglichkeit zu untersuchen. Auf ihnen basierende und ggf. weitere geeignete Beschreibungsgrößen sind *formal wohldefiniert* festzulegen.

3. Kombination von Referenzmodellteilen und individuellen Modellteilen: Hier sind mehrere *Modellierungsalternativen* schriftlich zu diskutieren, zu vergleichen, zu validieren und zu optimieren.

Eine ausgezeichnete Überprüfungsmöglichkeit bildet dabei meiner Erfahrung nach die Annahme der *Kohärenzhypothese*: Unterschiedliche Modellierungsalternativen dürfen sich semantisch nicht grundlegend widersprechen, sondern müssen miteinander vereinbar sein. Dies setzt vereinfachend voraus, daß die Gegenstandsbereiche der Wirtschaftsinformatik einheitlich und geschlossen beschreibbar sind, was bei denen der Physik nicht notwendig der Fall ist (z. B. Modell-Inkohärenz beim Welle-Teilchen-Dualismus).

5.1.2 Dilemma 2: Notwendigkeit und fehlende Eindeutigkeit der Weltstrukturierung: Isolierbarkeitsproblem

5.1.2.1 Phänomene

1. Warum findet man keine harten und klaren Grenzen von Unternehmen und deren Arbeitsbereichen?
2. Warum löst eine Insellösung das Ausgangsproblem womöglich gar nicht?

5.1.2.2 Erklärung durch den kritischen Realismus

Strukturierung ist Voraussetzung für Komplexitätsreduktion und diese für Erkenntnis überhaupt. Der Mensch muß seinen Welt-1-Bildern zur Komplexitätsreduktion eine Struktur geben (Welt-1-Chaos vs Welt-3-Kosmos), er muß sie in viele Einzelteile zerlegen, sonst kann er sie mit seinem Erkenntnisvermögen nicht bewältigen. Dabei gehen naturgemäß Wirkungsverknüpfungen (Interdependenzen) zwischen den Einzelteilen verloren.

Daher versucht der Mensch, seine „Erkenntnis-Schere" an solchen Stellen seines Welt-1-Bildes anzusetzen, an denen er nur wenige Verbindungen vermutet, die er zudem idealisierend vernachlässigen zu dürfen glaubt. Diese Vermutung überträgt er naiv-realistisch auf die Welt 1. Er grenzt mehr oder weniger willkürlich Teile (die etwa Vorgänge, Gegenstände, Informationen umfassen können) ab, isoliert sie aus ihrem Zusammenhang und „schneidet" sie künstlich aus. Das so entstehende Dilemma nenne ich *Isolierbarkeitsproblem:* Der Mensch muß Erkenntnisse über die Welt 1 gewinnen und kann das nur auf dem Weg über Zerlegungen, die aber Wirkungsverknüpfungen vernachlässigen.

Der Mensch konstruiert *Systeme*, die zur Welt 2 oder, wenn sie sprachlich beschrieben sind, zur Welt 3 gehören, und meint naiv-realistisch, sie gehörten zur Welt 1. Systeme sind so gesehen spezielle Modellarten, Beschreibungsgrößen, die immanente Größen approximieren sollen.

Die Strukturierung wird nun eine Ebene tiefer fortgesetzt. Der Mensch gibt Systemen eine innere Struktur (Ordnung), indem er sie in *wechselwirkende Komponenten* („Einzeldinge") zerlegt (ein System ist also mehr als die Summe seiner Komponenten). Die *Binnenkopplungen* (zwischen den Komponenten) sollen stärker sein als die *Umweltkopplungen* (des Gesamtsystems nach außen). Die Komponenten können nun wieder als (Sub/Teil)Systeme aufgefaßt werden. Der Zerlegungsprozeß setzt sich auf verschiedenen Abstraktionsebenen weiter fort.

5.1.2.3 Erklärung durch die evolutionäre Erkenntnistheorie

Es gibt zwar *keine natürlichen abgeschlossenen, wechselwirkungsfreien Systeme*, aber es muß wohl systemhafte Strukturen mit starker Binnenkopplung und lockerer Umweltkopplung geben; sonst wäre die Nutzung solcher Ausschnittsbildungen zum Erkenntnisgewinn evolutiv verworfen worden. Träger kognitiver Prozesse ist die menschliche Großhirnrinde, die stammesgeschichtlich auf optische Nervenzentren zurückgeht. Daher findet sich der Ausgangspunkt des Systemkonzepts in optisch-haptischen Gegenständen, deren visuelle Konturen mit ihren Tastgrenzen zusammenfallen. Es handelt sich physikalisch gesehen um *Festkörper* (etwa Äpfel, Steine) mit einem starken inneren Zusammenhalt und schwachen Umweltkopplungen. Sie können im Verhältnis zu anderen Gegenständen bewegt werden. Solche Gegenstände sind naiv-realistisch erfaßbar (vgl. 3.3.4 zum naiven Realismus als primärer erkenntnistheoretischer Auffassung). Das mesokosmisch geprägte Systemkonzept wird auf andere Erkenntnisgegenstände übertragen, etwa auf Unternehmen oder Unternehmensbereiche, bei denen es nur eingeschränkt und mit den nötigen Veränderungen anwendbar ist.

Tendenzen zur engen Systemabgrenzung rühren daher, daß kleinere Struktureinheiten verglichen mit großen weniger komplex und besser überschaubar sind sowie effektiver bei Analogiebildungen (Wissenstransfer).

5.1.2.4 Erklärungsansatz für die genannten Phänomene der Wirtschaftsinformatik

Phänomen 1: Systeme können unterschiedlich starke Umweltkopplungen aufweisen. Bei Unternehmen und bei Unternehmensbereichen sind sie in der Regel relativ stark und lassen sich nicht einfach „wegidealisieren".

Phänomen 2: Werden die Grenzen von Systemen zu eng und zu hart gesteckt, gehen wesentliche Wirkungsverküpfungen verloren. Das gilt für jede Art punktueller Lösungssuche, für Insellösungen genauso wie für das folgende

Beispiel: Zur Reduktion der Kapitalbindung im Rohstofflager unterstützt man den Einkauf mit EDV, übersieht dabei aber, daß eine Doppelbestellung von Rohstoffen durch Einkauf und Produktion erfolgt; das Problem liegt also woanders, ist aber wegen der zu engen Systemgrenzen nicht auszumachen.

5.1.2.5 Lösungsvorschlag

Zwar ist das Isolierbarkeitsproblem grundsätzlich unlösbar, aber es gibt Wege, mit ihm besser zurecht zu kommen. Vor der eigentlichen formalen Modellierung ist eine eingehende Voruntersuchung mit einer reflektierten Systemabgrenzung durchzuführen.

Als erstes ist der *Systemzweck* explizit zu ermitteln, das heißt: Es ist genau zu klären, welche Fragen ein System als Beschreibungsgröße beantworten soll, welchen Zweck es erfüllen soll und welches Ziel (welche Optimierungen) man mit ihm erreichen will, also unter welchen Aspekten es abzugrenzen und zu betrachten ist.

Eine erfahrungsgemäß gute Faustregel ist die folgende: Man vermeide harte Systemgrenzen, sondern wähle einen *weichen, verlaufenden Rand* wie bei der Betrachtung durch eine kreisförmige Lupe mit stärkster Vergrößerung (höchster Genauigkeit) in der Mitte und nach außen hin abnehmender Vergrößerung (verminderter Genauigkeit). Man läßt die Genauigkeit in konzentrischen Ringen um das vermutete Kernproblem mit zunehmendem Durchmesser abnehmen.

Will man diese Mühe nicht auf sich nehmen, so sind zumindest *Systemumgebung* und *Umwelt/Außenkopplungen* umfassend mit einzubeziehen, wie es SA-Ebene-0/Kontext-Diagramme bereits anregen. Dem Informatiker ist eindringlich zu empfehlen, die Systemgrenzen weiter als die des unmittelbar DV-relevanten Bereichs zu stecken.

5.2 Welche Eigenschaften haben die Erkenntnisgegenstände der Wirtschaftsinformatik in bezug auf Formalisierung?

5.2.1 Welches sind die Besonderheiten der Erkenntnisgegenstände der Wirtschaftsinformatik?

5.2.1.1 Phänomene

1. Warum führt der Glaube an 100%ige EDV-Lösungen in die Irre?
2. Warum hat der Aufbau von IT-Infrastruktur (z. B. electronic mail) nicht notwendig deren erfolgreiche Nutzung durch die Endanwender zur Folge?

5.2.1.2 Erklärung durch den kritischen Realismus

Genauso wie Gegenstandsbereiche der Natur, die in der Physik beobachtet werden, sind auch Wirtschaftsunternehmen mit all ihren Facetten Erkenntnis/Beobachtungsgegenstände. Im Gegensatz zu ersteren, die selbstkonstituiert sind, stellen die der Wirtschaftsinformatik heterogene Kombinationen dar aus

1. *selbstkonstituierten (autonomen) natürlichen Anteilen*, nämlich den beteiligten Menschen (dem sogenannten „*human factor*"), die der Wirtschaftsinformatiker wegen ihrer fehlenden Formalisierbarkeit gerne ignoriert.
2. *fremdkonstituierten (heteronomen) künstlichen Anteilen*, den beteiligten betrieblichen Organisations- und Ablaufstrukturen (Geschäftsprozessen), die der Wirtschaftsinformatiker wegen ihrer präformalen Strukturierung und daher leichteren Isomorphiebildung vor allem im Auge hat (4.2.2). Diese Anteile sind von Menschen zum Zweck der Überlebenssicherung und sozialen Organisation geschaffen und geformt (3.1.2.3).

5.2.1.3 Erklärung durch die evolutionäre Erkenntnistheorie

Die menschliche Erkenntnis geht aus von einfachen homogenen Gegenständen des Alltags (4.1.2). Je größer und komplexer aber ein Gegenstandsbereich ist, umso weniger wahrscheinlich wird seine Homogenität.

5.2.1.4 Erklärungsansatz für die genannten Phänomene der Wirtschaftsinformatik

Phänomen 1: Es gibt keine 100%igen EDV-Lösungen, da die Gegenstandsbereiche der Wirtschaftsinformatik durch formale Beschreibung nur teilweise erfaßt werden können, also nicht 100%ig formalisierbar sind. Denn:

1. Das grundsätzliche Isomorphieproblem (4.1.1) ist ohnehin schwerwiegend.
2. Die selbstkonstituierten Anteile verschärfen es erheblich, da der Mensch kaum in das starre Raster formaler Modelle gepreßt werden kann.

Phänomen 2: Im Sinne des zweiten Arguments ignoriert blinder EDV-Einsatz die menschlichen Eigenschaften der bedienenden Endbenutzer: Eine rein formale Optimierung hilft nicht gegen psychologische Sperren (z. B. Information ist Besitz, verleiht Macht; Computer werden abgelehnt; Verlust des Arbeitsplatzes wird befürchtet; neue Technik verursacht Angst etc.).

5.2.1.5 Lösungsvorschlag

Eine grundsätzliche Lösung des human-factor-Problems gibt es nicht. Statt EDV IT (Informationstechnik) zu sagen, ändert nur die Etiketten, aber nicht die Situation. Ein Wirtschaftsinformatiker sollte kein Marktschreier sein, sondern in dem Bewußtsein leben, daß nichtformalisierbare Menschen die Abläufe in einem Unternehmen weitgehend bestimmen. Daraus hat er in jedem Fall zwei Konsequenzen zu ziehen:

1. Die Einführung *partizipativer Strategien*, also die frühzeitige und umfassende Einbindung des Anwender-Unternehmens mit den späteren Endbenutzern, verbunden mit einer *ehrlichen Aufklärung* über die Zusammenhänge, führt zu einer deutlichen Entschärfung der Situation.

2. Wie ich mit meinem Wirtschaftsinformatik-Verständnis (1.2) bereits angedeutet habe, sind zusätzlich zu formalen IT-basierten Optimierungen auch nicht-formale erforderlich. Um Optimierungspotential und -bedarf zu untersuchen, muß eine eingehende *Organisationsberatung* durchgeführt werden. Sie sollte umfassen:
   2.1 nichtformale Optimierungsmöglichkeiten (z. B. die psychologische Situation der Mitarbeiter: IT-Akzeptanz, IT-Einschätzung, IT-Erwartung, IT-Angst, betriebliche Gruppendynamik, Arbeits-, Organisations-, Motivationspsychologie)
   2.2 formale Optimierungsmöglichkeiten ohne IT-Einsatz (z. B. Papierkarteien)
   2.3 formale Optimierungsmöglichkeiten mit IT-Einsatz

Mit dieser m. E. dringend gebotenen Erweiterung hat die Wirtschaftsinformatik die Chance, sich zu einer echten *Informationswissenschaft* weiterzuentwickeln.

5.2.1.6 Bemerkung

In den folgenden Ausführungen von 4.2 beschränke ich mich auf die heteronomen Anteile, da die autonomen eben in 4.2.1 ausführlich besprochen wurden.

5.2.2 Worin unterscheiden sich Erkenntnisgegenstände der Wirtschafts informatik im Hinblick auf Formalisierung? Unterschiedlicher Grad an Vorformalisierung, Formalisierbarkeit, Formalisierungsaufwand

5.2.2.1 Phänomene

1. Warum sind Kleinbetriebe schwieriger zu modellieren als große?
2. Warum ist Software-Erstellung und -Einführung für die Finanzbuchhaltung leichter als für die Produktion?
3. Warum bringen CIM-Konzepte nicht den gewünschten Erfolg?
4. Warum bringen Expertensysteme nicht den gewünschten Erfolg?

5.2.2.2 Erklärung durch den kritischen Realismus

Bezüglich der Formalisierung gibt es drei Dimensionen, in denen sich die Gegenstandsbereiche der Wirtschaftsinformatik (und allgemein empirischer Wissenschaften) unterscheiden:

1. Vorformalisierung
2. Formalisierbarkeit
3. Formalisierungsaufwand

Nicht jeder Gegenstandsbereich ist also im gleichen Grad vorformalisiert und formal modellierbar und verursacht den gleichen Formalisierungsaufwand: Es gibt (natürlich nicht scharf abgrenzbar)

1. kaum vorformalisierte, *schlecht und schwer formalisierbare* Gegenstandsbereiche (z. B. bestimmte Formen der Produktion; Mensch; natürliche Sprache, machine translation), die einen erheblichen Formalisierungsaufwand verursachen. Sie sind nie vollständig formalisierbar (4.2.1, human factor), und ihre partielle Formalisierung braucht keineswegs von Erfolg gekrönt zu sein.

2. und 3. Gegenstandsbereiche, die auf einem formalen Modell basieren, da in deren Konstitution bereits ein solches hineingesteckt wurde. Sie sind nach dessen Bewußtheitsgrad zu unterscheiden.

2. *ansatzweise vorformalisierte* Gegenstandsbereiche, die auf einem impliziten formalen Modell beruhen. Den Mitarbeitern ist kaum bewußt, daß sie ein formales Modell benutzen, die entsprechende Terminologie ist wenig ausgeprägt. Solche Gegenstandsbereiche sind mit einem erhöhten Formalisierungsaufwand oftmals recht gut formalisierbar (z. B. Klein- und Mittelbetriebe, siehe unten *Erklärungsansatz*). Häufig ist festzustellen, daß Standardfälle relativ wenig Formalisierungsaufwand verursachen, Sonderfälle hingegen einen vielfachen.

3. *gut vorformalisierte* Gegenstandsbereiche, die auf einem weitgehend expliziten formalen Modell beruhen. Die betreffenden Mitarbeiter benutzen bewußt ein formales Modell, die entsprechende Terminologie ist gut ausgeprägt (z. B. Finanzbuchhaltung). Solche Gegenstandsbereiche sind natürlich besonders leicht formal modellierbar und bieten sich als Ausgangspunkt für die betriebliche IT-Einführung an (4.2.1).

5.2.2.3 Erklärung durch die evolutionäre Erkenntnistheorie

Ausgehend von den optisch-haptischen physikalischen Gegenständen des Alltags (4.1.2) wird die *Gleichförmigkeit/artigkeit* verschiedener Gegenstandsbereiche angenommen, was bei komplexeren zu Fehlschlüssen führen muß. Gleichermaßen wird eine bauklötzchenartige *Überlappungsfreiheit* vermutet, was bei *funktionalen Objekten* (siehe die folgende Erklärung zu Phänomen 1) nicht richtig ist. Optisch-haptische und funktionale Objekte brauchen sich nicht zu entsprechen.

5.2.2.4 Erklärungsansatz für die genannten Phänomene der Wirtschaftsinformatik

Phänomen 1: In Kleinbetrieben werden sehr viele Aufgaben in Personalunion erledigt. Die Aufgabenstruktur (funktionale Objekte) ist viel feiner als die Personalstruktur (optisch-haptische Objekte, 4.1.2), z. B. können die Funktionen „Chef, Vertriebsbeauftragter und Einkäufer“ von ein und derselben Person wahrgenommen werden.

Phänomen 2: Die Finanzbuchhaltung ist ein vorformalisierter Unternehmensbereich, wohingegen gerade in der Produktion häufig betriebsindividuelle, nicht formalisierbare Vorgehensweisen zu finden sind.

Phänomen 3: Naive CIM-Verfechter gehen von dem (verschwiegenen) falschen Axiom aus, daß verschiedene Unternehmensbereiche gleich gut formalisierbar seien.

Phänomen 4: Naive Expertensystemverfechter gehen von dem falschen Axiom aus, daß alle Bereiche menschlichen Denkens so gut formalisierbar seien wie dessen arithmetische Fähigkeiten.

5.2.2.5 Lösungsvorschlag

Vertrautheit mit den verschiedenen Eigenschaften von Gegenstandsbereichen ist beim Entwickler erforderlich. Der Anwender ist darüber aufzuklären.

Ein konkreter Gegenstandsbereich ist im Rahmen einer Ist-Analyse (4.2.3) auf seine Vorformalisierung und Formalisierbarkeit (2.3.2) zu untersuchen. Aus den so ermittelten Ergebnissen sind folgende Konsequenzen zu ziehen:

1. Die *Zeitplanung* für die formale Modellierung ist mit Blick auf den zu erwartenden Formalisierungsaufwand zu gestalten.
2. Gut formalisierbare Unternehmensbereiche bieten sich als *Ausgangspunkt* betrieblichen IT-Einsatzes an. So kommt es in einem produzierenden Unternehmen zu einem Software-Einführungsweg Finanzbuchhaltung, Auftragsverwaltung, Einkauf, Produktion.
3. Formalisierungen dürfen nicht um jeden Preis erzwungen werden. Bei schlechter Formalisierbarkeit ist es erforderlich, *Unschärfen* (chaotische Oszillationen) innerhalb einer bestimmten Schwankungsbreite zu erlauben.

Beispiel: Für eine Tätigkeit ist ein Hammer nötig, aber kein bestimmter.

5.2.2.6 Bemerkung

Was ich hier über die Formalisierung ausgeführt habe, gilt in ähnlicher Weise für *Vorstrukturierung und Strukturierbarkeit* im Sinne einer Zerlegbarkeit in Komponenten (4.1.2) und für *Vormathematisierung und Mathematisierbarkeit* (2.3.4). Die wesentliche Forderung mathematischer Korrektheit, die Widerspruchsfreiheit, braucht nicht in jedem Unternehmen erfüllt zu sein (3.1.1.2).

5.2.3 Welchen Zweck hat die formale Optimierung betrieblicher Abläufe?

5.2.3.1 Phänomene

1. Warum wird die Wirkung von reinem IT-Einsatz nach wie vor überschätzt?
2. Warum paßt Software selbst bei sorgfältiger Modellierung des Fachkonzepts oft nicht wunschgemäß in einen komplexen betrieblichen Einsatzbereich?

5.2.3.2 Erklärung durch den kritischen Realismus

Ein IT-Werkzeug (gerader Schlüssel) ist formal und paßt daher nur in einen formalen Einsatzbereich (gerades Schloß). Daher kann IT ein organisatorisches Desaster (verbogenes Schloß) nicht heilen bzw. hochgradig spontane Betriebsabläufe kaum unterstützen, ein gerader Schlüssel ein verbogenes Schloß nicht sperren.

5.2.3.3 Erklärung durch die evolutionäre Erkenntnistheorie

Von der Evolution her ist klar, daß Werkzeuge normalerweise an ihre Einsatzbereiche angepaßt werden müssen. In der Informatik ist gegen alle Gewohnheit zusätzlich das Umgekehrte erforderlich: Werkzeuge der Informatik passen nur in Einsatzbereichen mit der Eigenschaft Formalisiertheit, die ggf. herbeigeführt werden muß.

5.2.3.4 Erklärungsansatz für die genannten Phänomene der Wirtschaftsinformatik

Phänomen 1: Es ist nicht allgemein bekannt, daß IT-Einsatz *Geschäftsprozeßoptimierung* (d. h. Formalisierung des Einsatzbereichs) voraussetzt.

Phänomen 2: Wenn diese Tatsache ignoriert wird, entsteht beim Anwender die falsche Erwartung an die EDV als Allheilmittel gegen Desorganisation, und jede Software-Konzeption ist wertlos.

5.2.3.5 Lösungsvorschlag

Vor der formalen Modellierung des Schlüssels ist erst eine Formalisierung des Schlosses (gerade biegen) erforderlich (Geschäftsprozeßoptimierung). Daraus ergibt sich folgende Interpretation der klassischen Teilphasen der Problemuntersuchungsphase (4.2.2):

Ist-Aufnahme:	wissenschaftliche Beschreibung und Modellierung des Schlosses
Ist-Analyse:	Ist das Schloß vorformalisiert (gerade) oder nicht (verbogen)?
	Läßt sich das Schloß formalisieren (gerade biegen)?
	Wie und inwieweit läßt sich das Schloß formalisieren?
Sollkonzept:	*formales Modell des Schlosses*
	formales Modell des Schlüssels

5.2.3.6 Bemerkung

Zu 4.2 gehören noch Phänomene, die aus der nur unvollständigen Beobachtbarkeit (statistische Auswertungen bei Management-Informationssystemen) und der zeitlichen Dynamik von Gegenstandsbereichen resultieren. Sie hier zu diskutieren, würde den Rahmen dieses Beitrags sprengen.

5.3 Wie gehen erkennende Subjekte mit Erkenntnisobjekten um?

5.3.1 Wie denkt der Mensch im allgemeinen, wie soll er denken?

5.3.1.1 Wie können menschliche Erkenntnisprozesse zeitlich linearisiert und strukturiert werden?

5.3.1.1.1 Phänomene

1. Warum bringen Phasenkonzepte (Ablaufmodelle) nicht den gewünschten Erfolg?
2. Warum gibt es viele verschiedene Phasenkonzepte?
3. Warum werden top-down-/bottom-up-Ansätze nicht konsequent durchgehalten?
4. Warum führen Datenmodellierung und statische Objektmodellierung eher zu einheitlichen Ergebnissen als Funktions- und Ablaufmodellierung?

5.3.1.1.2 Erklärung durch den kritischen Realismus

Bei jeder zeitlichen Gliederung entstehen Grauzonen. Bei einer bestimmten konkreten Einzeltätigkeit ist u. U. gar nicht klar, zu welcher Teilphase eines strikt seriellen Phasenkonzepts sie gehört.

5.3.1.1.3 Erklärung durch die evolutionäre Erkenntnistheorie

1. Multidimensionales Denken ist ein Überlebensvorteil. Der Mensch betrachtet immer mehrere Entscheidungshorizonte zeitlich nebeneinander und nicht nacheinander. Daher lassen sich mentale Kognitionsprozesse schwer linearisieren.
2. Da der Mensch eine optisch-haptisch orientierte Großhirnrinde hat (4.1.2), fällt ihm die Strukturierung räumlicher Kontinua wesentlich leichter als die zeitlicher. Räumlich orientierte Strukturierungsstrategien sind nur schwer auf Zeitkontinua anzuwenden.

5.3.1.1.4 Erklärungsansatz für die genannten Phänomene der Wirtschaftsinformatik

Bei allen Vorgehensmodellen (Phasenkonzepten) handelt es sich um Normen, die Erkenntnisprozesse nicht reflektierend einbeziehen; um teilweise sehr klägliche Versuche, Modellierungsprozesse zu ordnen.

Phänomen 1: Ist-Aufnahme, Ist-Analyse, Sollkonzept sind schwer zu trennen: Eine Istaufnahme ohne Wertung (Istanalyse) ist nicht möglich, ebensowenig eine Istanalyse ohne den Blick auf die favorisierte Lösungsalternative (Sollkonzept), ebensowenig ein Sollkonzept ohne den Blick auf die Realisierung.

Phänomen 2: Für die Festlegung von Teilphasen und deren weitere Untergliederung findet man keine exakten Gesetzlichkeiten. Daher sind der menschlichen Kreativität keine Grenzen gesetzt.

Phänomen 3: Eine Top-down-Analyse ohne gleichzeitige Bottom-up-Analyse gelingt nicht, da man eine Abstraktionsebene erfahrungsgemäß immer von zwei Seiten modellieren muß, von der nächsthöheren und der nächstniedrigeren her.

Phänomen 4: Datenmodelle und statische Objektmodelle entsprechen räumlichen Strukturen; durch den Normalisierungskalkül kann man zu weitgehend subjektunabhängigen, zeitlich relativ stabilen Ergebnissen gelangen. Funktions- und Ablaufmodelle entsprechen zeitlichen Strukturen; sie sind stark abhängig vom jeweiligen erkennenden (modellbildenden) Subjekt und zeitlich ziemlich instabil. Das unterschiedliche Zeitverhalten der beiden Strukturen rührt daher, daß - wiederum wegen der optisch-haptischen Prägung des Denkens - in Unternehmen Datenstrukturen zeitlich wesentlich stabiler sind als Funktionsstrukturen.

5.3.1.1.5 Lösungsvorschlag

1. An einer gewissen zeitlichen Strukturierung der Softwareentwicklung kommt man insbesondere bei großen Projekten mit vielen Entwicklern nicht vorbei.
   Dafür braucht man *iterative* (maieutische Zyklen, 2.2.5), *flexible Phasenkonzepte*, die den Spezifika eines Projekts *differenziert* angepaßt werden können. Phasenkonzepte sind kein Selbstzweck. Sie sollen Projekte unterstützen, nicht umgekehrt von Projekten verifiziert werden. Unreflektierte Befolgung von Normen schadet nur; nützlich ist eine selbstkritische Orientierung an Normen aus einem profunden Wissen um Erkenntnisprozesse heraus.
2. Zumindest bei kleineren Projekten habe ich persönlich sehr gute Erfahrungen mit dem folgenden Prozedere gemacht: Ein Projektteam darf gleichzeitig auf mehreren vorgegebenen (ggf. den Spezifika des Projekts angepaßten) *Entwurfs/Abstraktionsebenen/Entscheidungshorizonten* modellieren, darf sich also zeitlich sehr flexibel bewegen. Die einzelnen *Entwurfsentscheidungen* sind den Entscheidungshorizonten gut begründet zuzuordnen. Die zeitliche Gliederung (Entwurfsphasen) wird also durch eine räumliche Gliederung (Entwurfsebenen) ersetzt.
3. Bei der Modellierung von Unternehmen sollte immer der leichteste, am wenigsten subjektive Ansatz, die *normalisierte Datenmodellierung bzw. statische Objektmodellierung, als Ausgangspunkt* dienen, da sie ein recht stabiles Ergebnis liefert, wohingegen Funktionsmodelle unter verschiedenen Blickwinkeln betrachtet sehr subjektive Auffassungen widerspiegeln können.

5.3.1.1.6 Bemerkung

Weitere Phänomene, wie die Probleme des Menschen bei Formalisierung, Mathematisierung und Grenzfallbetrachtung, können hier nicht näher ausgeführt werden. Ebenso muß eine Betrachtung der Kreativität menschlichen Denkens beim Induktionssprung unterbleiben, die auch von den besten Modellierungstools nicht ersetzt werden kann.

5.3.2 Welche Umstände beeinflussen das individuelle menschliche Denken?

5.3.2.1 Warum können Modelle verschiedener Subjekte inkohärent sein?

5.3.2.1.1 Phänomene

1. Warum versuchen einige in einer Branche versierte Wirtschaftsinformatiker bei der Analyse eines wenig formalisierten, sehr individuell geführten Unternehmens dieses in die Schemata von bekannten Unternehmen zu pressen, mit deren Beschreibungsgrößen zu erfassen, so daß die betriebliche Individualität bei der Modellierung verlorengehen kann?
2. Gegenteil: Warum erkennen einige branchenfremde ungeübte Wirtschaftsinformatiker in dieser Situation für viele Betriebe gültige Standards nicht?

5.3.2.1.2 Erklärung durch den kritischen Realismus

Es gibt keine Erkenntnis ohne erkennendes Subjekt, keine Wissenschaft ohne Wissenschaftler, keine Modelle ohne Modellierer. Deshalb spielen Eigenschaften des erkennenden Subjekts beim Erkenntnisgewinn immer eine Rolle.

Eine Beeinflussung der mentalen Prozesse des Modellentwicklers (und damit der Modellentwicklung) geschieht durch seine (un)bewußte (Prä)*Disposition* (Verfaßtheit), im einzelnen

1. psychologisch: durch seine unbewußten Einstellungen, seine Angst und Sicherheit, sein emotionales Verhältnis zum Modellierungsgegenstand
2. intellektuell: durch seine bewußten Einstellungen, seine Ausbildung, sein Vorwissen, seine Vorkenntnisse und seine Vorurteile, seine Erfahrungen, seine Unwissenheit, sein Welt-3-Bild, seine erkenntnistheoretische Grundhaltung, sein Wissen um Modellierungsprinzipien, seine Einschätzung des Modellierungsaufwandes
3. sozial: durch sein arbeitspsychologisches Umfeld, seine Teamfähigkeit, seinen Zeitdruck

5.3.2.1.3 Erklärung durch die evolutionäre Erkenntnistheorie

Der Mensch reagiert auf Bekanntes und Standardfälle *analogisch und konservativ* nach Standardmustern, auf Unbekanntes und Grenzfälle *spontan, kreativ und progressiv*. Diese flexible Reaktionsweise sichert Überlebensvorteile. Bezogen auf meine Modellierungsmethodik aus 4.1.1 spiegelt der Referenzmodellanteil das analogische Denken wider, der individuelle Modellanteil das spontane.

Nun ist aber der Bekanntheitsgrad eines Phänomens keine objektive, sondern eine subjektive Größe. Aufgrund unterschiedlicher Dispositionen kann in ein und derselben Situation ein Mensch konservativ, ein anderer progressiv reagieren. Daher rührt eine unterschiedliche Gewichtung der beiden Modellierungsanteile durch verschiedene Modelentwickler.

Der Mensch schätzt seine Erkenntnisprozesse zunächst naiv-realistisch (ohne Berücksichtigung seiner persönlichen Disposition) ein. Er ist sich über seine subjektive, persönliche Beteiligung nicht im klaren. Die Unkenntnis der genannten Zusammenhänge führt zu einer unzureichenden Modellierungsmethodik.

5.3.2.1.4 Erklärungsansatz für die Phänomene der Wirtschaftsinformatik

Phänomen 1: Der branchenkundige Modellentwickler ist sich seiner Sache nicht selten viel zu sicher und neigt zu einer Überbetonung von Referenzmodellen und zu einer Unterbewertung der betriebsindividuellen Spezifika. Er versucht, jedes Unternehmen in Branchenstandards zu pressen. Es besteht die Gefahr eines *hermeneutischen Zirkels*, d. h. die Gefahr, daß er in seine Analyse das gleiche Gedankengut hineinsteckt, das er anschließend als Ergebnis erhält.

Phänomen 2: Hat man keine analogische Ausgangsbasis (z. B. aus Unkenntnis), so muß man spontan, flexibel und kreativ reagieren. Daher rührt in diesem Fall die Unterbetonung des Referenzmodellanteils.

5.3.2.1.5 Lösungsvorschlag

Die Illusion der Neutralität des Beobachters ist aufzugeben, denn der Einfluß der diversen Prädispositionen auf einen Modellentwickler kann grundsätzlich nicht ausgeschlossen werden. Ein bewußter, hochreflektierter Umgang mit ihnen kann jedoch die schlimmsten Folgen verhindern. Daher sollte jeder (Wirtschafts)Informatiker ein *geschärftes Bewußtsein* für die subjektabhängigen Randbedingungen von Beobachtungs- und Modellierungsprozessen haben. Das gilt gleichermaßen für alle erkenntnistheoretischen Randbedingungen und ihre Konsequenzen für die Modellierungsmethodik. Diesbezügliche Kenntnisse zu vermitteln ist daher für eine *Informatikerausbildung* bedeutsam. Das Tagungsthema „Wirtschaftsinformatik und Wissenschaftstheorie" sollte zu einem Schwerpunkt im Rahmen von Lehrveranstaltungen zu Software Engineering und betrieblichen Informationssystemen werden. (Nebenbei bemerkt gehört hierzu auch die Schulung von Modelldarstellungsfähigkeiten.)

5.4 Wie interagieren Subjekt und Objekt der Erkenntnis?

Einerseits kennt der Mensch (Welt 2) vorgegebene Beschreibungsraster und -größen der Welt 3 für die Welt 1 und kann aus dem bestehenden Potential noch weitere konstruieren. So beeinflußt der Mensch die Interpretation seiner Beobachtungsergebnisse (4.1.1). Andererseits kann der Mensch auch unmittelbar auf Beobachtungsgegenstände (Erkenntnisobjekte) einwirken:

5.4.1 Phänomene

1. Warum ergeben sich im Anschluß an eine Ist-Analyse gerade bei wenig formalisierten Unternehmensbereichen sehr viele Rückfragen, so daß mit der Realisierung oder Anpassung eines Software-Paketes tunlichst einige Zeit gewartet werden sollte?
2. Warum kommt es bei der Fremdanalyse von Geschäftsprozessen mitunter zu unrealistischen Ergebnissen?

5.4.2 Erklärung durch den kritischen Realismus

Einerseits verlangt das Erkennen von Erkenntnisobjekten die Konstitution von erkennenden Subjekten. Ohne Subjekt-Objekt-Trennung könnte sich der Mensch nicht von der Welt 1 abgrenzen und ein Selbstbewußtsein entwickeln. Umgekehrt führt die Schärfe der Trennung in vielen Bereichen zu fehlerhafter Erkenntnis. (Diese Paradoxie hätte ich auch als drittes erkenntnistheoretisches Dilemma in 4.1 formulieren können.)

Andererseits bestimmt das menschliche Erkenntnisvermögen seine Erkenntnisgegenstände (4.1.1). So gesehen besteht eine wechselseitige Existenz/Seins-Konstitution: *Es gibt keine erkennenden Subjekte ohne Erkenntnisobjekte und umgekehrt.* Das erkennende Subjekt wird bei der Beobachtung Teil des Erkenntnisgegenstandes, den es beobachtet (3.3.3). Es muß sich selbst zu seinem Erkenntnisgegenstand hinzunehmen und so einen neuen größeren Erkenntnisgegenstand definieren. Dabei wird die Subjekt-Objekt-Grenze mehr oder weniger unscharf, und es herrscht wechselseitige Beeinflussung:

1. *Beobachter wirkt auf, verändert den Beobachtungsgegenstand*
   Erkenntnisobjekte werden durch eine aktive, für das beobachtete Erkenntnisobjekt wahrnehmbare, „ungetarnte" Beobachtung beeinflußt und verändert.
2. *umgekehrt: Vorgang der Beobachtung wirkt zurück auf den Beobachter*
   Beobachtungsraster und Modellierungskonzepte der Welt 3 sind zeitlich veränderlich. Der Beobachter lernt bei der Beobachtung und deren Interpretation hinzu. Er verändert sein Welt-3-Bild: Nach einiger Beobachtungszeit erscheint ihm ein beobachteter Betrieb in einem anderen Licht. Durch Rückkopplung wirkt die veränderte Welt 3 auf die Wahrnehmung und Interpretation der Welt 1 durch den Beobachter zurück (3.1.3).

5.4.3 Erklärung durch die evolutionäre Erkenntnistheorie

Das Subjekt-Objekt-Verständnis der Erkenntnis ist geprägt von den primären Erkenntnisgegenständen, also optisch-haptischen physikalischen Gegenständen. Gegen diese müssen sich Subjekte abgrenzen, hier ist die Subjekt-Objekt-Trennung sinnvoll und evolutionär notwendig, um ein selbstbewußtes Subjekt überhaupt erst zu konstituieren. Das Ich entsteht zwischen Es und Welt, wie FREUD sagt. Bei Gegenständen des physikalischen Mikrokosmos und der sozialen Welt versagt das naiv-realistische Denken.

5.4.4 Erklärungsansatz für die genannten Phänomene der WI

Phänomen 1: Ein Unternehmen ist ein soziales Gefüge, das genauso wie ein Elementarteilchen durch Beobachtung verändert wird. Infolge der Befragungen durch einen Berater oder Systemanalytiker können umfangreiche innerbetriebliche Formalisierungs- und Optimierungsprozesse angestoßen werden. Auch die Benutzereinstellung zur (neuen) EDV kann beeinflußt werden. Die Auswirkungen einer Ist-Analyse werden oft erst nach und nach offensichtlich, wenn man den Benutzern keine Gelegenheit zur Rückmeldung ihrer neuen Ideen gibt.

Phänomen 2: Ein betriebsfremder Analytiker sieht sich häufig mit der Angst der Mitarbeiter vor Wegrationalisierung konfrontiert. Wenn kein ausgeprägtes Vertrauensverhältnis zu ihm aufgebaut werden kann, werden Mitarbeiter Informationen stets verschleiern oder gar zurückhalten.

5.4.5 Lösungsvorschlag

1. Es ist ein *langer Beobachtungszeitraum* anzusetzen, um dem beobachteten, analysierten Unternehmen und seinem Beobachter Zeit zur Gewöhnung an die Situation der Beobachtung und zur Stabilisierung der Beobachtungsergebnisse zu geben. Die maieutischen Zyklen (2.2.5) sind zeitlich weit auszudehnen. Nach-Analyse-Termine müssen anberaumt werden.
2. Verhaltensänderungen künftiger Nutzer (Zustimmung, Ablehnung gegenüber IT-Einsatz) sind einzukalkulieren. *Partizipative Strategien* können Aufschluß über die jeweilige aktuelle Einstellung geben und gut zu einem besseren Vertrauensverhältnis zwischen Systemanalytiker und Mitarbeitern beitragen.

6. Literatur

COY, W. AL. (ED.): Sichtweisen der Informatik, Braunschweig 1992.

DITFURTH, H. VON: Der Geist fiel nicht vom Himmel - die Evolution unseres Bewußtseins, Hamburg 1976.

FLOYD, CHR. ET AL. (ED.): Software development and reality construction, Berlin 1992.

HELMHOLTZ, H. VON: Die Tatsachen in der Wahrnehmung, Darmstadt 1959 [= 1878].

HILBERT, D.: Naturerkennen und Logik, 1930; abgedruckt in: Gesammelte Abhandlungen Bd. 3, 378-387.

HOLL, A.: Romanische Verbalmorphologie und relationentheoretische mathematische Linguistik, Tübingen: Niemeyer 1988.

KANITSCHEIDER, B.: Wissenschaftstheorie und Naturwissenschaft, Berlin 1981.

LORENZ, K.: Kants Lehre vom Apriorischen im Lichte gegenwärtiger Biologie, Blätter für deutsche Philosophie 15 (1941) 94-125.

LORENZ, K.: Die Rückseite des Spiegels - Versuch einer Naturgeschichte des Erkennens, München 1973.

LUFT, A.; KÖTTER, R.: Informatik - eine moderne Wissenstechnik, Heidelberg und Mannheim 1994.

MACH, E.: Die Analyse der Empfindungen und das Verhältnis des Physischen zum Psychischen, Darmstadt 1991 [= 9. Aufl. 1922].

MASER, S.: Wissenschaftstheoretische Grundlagen der Informatik, IBM Nachrichten 23 (1973) 738 - 746.

POPPER, K.R.: Objektive Erkenntnis - ein evolutionärer Entwurf, Hamburg 1973 [Original: Objective knowledge - an evolutionary approach. Oxford 1972].

RIEDL, R.; WUETKETITS, F. (ED.): Die evolutionäre Erkenntnistheorie - Bedingungen, Lösungen, Kontroversen, Berlin 1987.

RUSSEL, B.: Outline of Philosophy, London 1927.

SCHMIDT, B.: Ordnung oder Chaos - die Struktur der realen Welt, Aufklärung und Kritik 1 (1994) 1, 65-80.

SEIFFERT, H.; RADNITZKY, G. (ED.): Handlexikon zur Wissenschaftstheorie, München 1989.

SPECK, J.: Handbuch wissenschaftstheoretischer Grundbegriffe, 3 Bände, Göttingen 1980.

STEINMÜLLER, W.: Informationstechnologie und Gesellschaft - Einführung in die angewandte Informatik, Darmstadt 1993.

VOLLMER, G.: Evolutionäre Erkenntnistheorie, Stuttgart 6. Aufl. 1994.

WEDEKIND, H.: Was heißt und zu welchem Ende studiert man Betriebsinfomatik?, Zeitschrift für Betriebswirtschaft, 50 (1980), S. 1268-1273.

Eigentum von Wincor
Nixdorf Retail Services
(M24)

Retail Application Suite
TPiSCAN

Jörg Becker/Wolfgang König/
Reinhard Schütte/Oliver Wendt/
Stephan Zelewski (Hrsg.)

Wirtschaftsinformatik und Wissenschaftstheorie

Bestandsaufnahme und Perspektiven

Sonderdruck

GABLER